하나님께서 지으신
모든 것이 선하매

| 평 신 도 의   묵 상 노 트 |

하나님께서 지으신
모든 것이 선하매

김정랑

지   음

지금처럼 문자로
하나님의 말씀을 볼 수 있음이 감사합니다.

하나님께서 지으신 모든 것이 선하매 감사함으로 받으면
버릴 것이 없나니 하나님의 말씀과 기도로 거룩하여짐이라.

좋은땅

열 며

하나님의 음성을 직접 들었던
성경 속 인물들이 부럽기도 합니다.
하지만 말은 휘발성이 커 잊어버리기 쉽습니다.
그러니 지금처럼 문자로
하나님의 말씀을 볼 수 있음이 감사합니다.

성경은 하나님의 언약과
인간의 패역을 대비시키는 숱한 사례를 통해
신실하신 하나님을 증거합니다.
"내 눈에 아무 증거 아니 뵈어도
약속 믿고 굳게 서리라"는 찬송처럼
즉각적인 응답이 없어도,
뜸만 들이는 날이 길어져도,
약속만 기억하기를
저의 믿음이 인스턴트가 아니기를 소망합니다.

그러니 어떤 선택도 사소하지 않습니다.
살아도 죽어도 주를 위해 하라는 바울의 권면이
돌작밭같이 굳어진 저의 심성에 새겨져

작은 결정에서부터 하나님께 묻기를,
기도하기를 간구합니다.

세상은 독립해서 욜로의 삶을 살라 말하지만
성경은 철저히 하나님께 의존하는
더부살이의 삶을 보여 줍니다.
크리스천이 하나님께 기생하여
하나님 모르는 이들에게 약으로 쓰이는
동충하초처럼 살아가면 좋겠습니다.

목 차

1부

구약

● 창세기 2장 17-19절, 3장 12절

2:17 선악을 알게 하는 나무의 열매는
먹지 말라 네가 먹는 날에는
반드시 죽으리라 하시니라
2:18 여호와 하나님이 이르시되
사람이 혼자 사는 것이 좋지 아니하니
내가 그를 위하여
돕는 배필을 지으리라 하시니라
2:19 여호와 하나님이 흙으로
각종 들짐승과 공중의 각종 새를 지으시고
아담이 무엇이라고 부르나 보시려고
그것들을 그에게로 이끌어 가시니
아담이 각 생물을 부르는 것이
곧 그 이름이 되었더라
3:12 아담이 이르되 하나님이 주셔서
나와 함께 있게 하신 여자
그가 그 나무 열매를 내게 주므로
내가 먹었나이다

아담의 죄는

하나님같이 되려는 탐욕 때문이 아니라
무지에서 온 것 같습니다.
창조자 하나님 됨에 대한 무지와
피조물인 자신의 정체성을
올바로 깨닫지 못해서
죄의 문에 들어선 것이라 생각합니다.

하나님이 창조한 세계에
이름을 부여하는 특권을 누렸고
돕는 배필을 허락받았지만
그 이후 아담은 하와에 빠져
하나님을 멀리한 듯합니다.
하와가 뱀의 말을 전할 때
아담은 하나님께 묻지 않습니다.
아마도 자신의 소욕대로 생활한 지 오래였을 터.

때문에 선악과의 경고를 무시하고
덥석 받아먹지 않았을까요?
잘못을 저지르고 나서도
아담은 하나님의 음성을 피하고
하와를 주신 하나님을 비난하기까지에 이릅니다.
여기서 아담은 분리라는 더 큰 죄를 짓습니다.

하나님에게서 자신을 떼어 내고
하와와 자신이 상관없다는
태도를 보입니다.

우리를 긍휼히 여기셔서 허락한
가정과 자녀, 재산과 달란트들이
하나님과 멀어지게 하는
걸림돌이 안 되려면
어쩌다 한 번이 아니라 매일 하나님의 음성에
귀 기울여야 함을 아담의 사례를 통해 배웁니다.

창세기 4장 1절과 8절, 26절

4:1 아담이 그의 아내 하와와 동침하매
하와가 임신하여 가인을 낳고 이르되
내가 여호와로 말미암아 득남하였다 하니라
4:8 가인이 그의 아우 아벨에게 말하고
그들이 들에 있을 때에
가인이 그의 아우 아벨을 쳐죽이니라
4:26 셋도 아들을 낳고 그의 이름을
에노스라 하였으며 그때에 사람들이
비로소 여호와의 이름을 불렀더라

아담이 가인을 얻고 여호와를 고백했지만,
맏아들이 아우를 해하는 비극적인 사건을 겪고
영적으로 오랜 암흑기를 보냅니다.
본인도 하나님이 아벨 대신에 허락하신
아들이라 인정한 셋을 낳고서도 아니고
그 셋이 아들을 얻고 나서야
여호와의 이름을 불렀다고 하니 말입니다.

그 이유가 무엇일까요?

아담은 에덴동산에서 쫓겨난 것보다
아마도 아들이 죽은 것에
더 애통해했을 것입니다.
그 사건을
하나님과 가까워지는 통로로 사용하지 못하고
하나님과의 관계를 단절하는
어리석은 선택을 합니다.

그럼에도 하나님은 기회를 주십니다.
관계 회복을 위해
아담의 나이 백삼십 세에 셋을 허락하셨지만
여전히 아담은 불안했던 것 같습니다.
이 아들이 아벨처럼
해코지를 당하지 않을까 노심초사하느라
하나님을 향한 진정한 감사가
나오지 않았습니다.
그러다 손자 에노스를 보고 나서야
비로소 여호와의 이름을 부르기 시작합니다.

우리 인생의 비극적인 사건이 올 때
잠시 하나님과 등을 지더라도
금세 돌아올 수 있다면 좋겠습니다.

아들의 손주를 볼 때까지 아니라
즉각적인 방향 전환.
세상을 향해서가 아니라
여호와 하나님을 바라보는 돌이킴에
민첩한 믿음의 자녀가 되길 간구합니다.

● 창세기 4장 9-10절

4:9 여호와께서 가인에게 이르시되
네 아우 아벨이 어디 있느냐
그가 이르되
내가 알지 못하나이다
내가 내 아우를 지키는 자니이까
4:10 이르시되 네가 무엇을 하였느냐
네 아우의 핏소리가
땅에서부터 내게 호소하느니라

젊은이의 죽음에서
창세기 4장 말씀을 읽습니다.

평택항에서
산재로 사망한 청년
이선호 군의 죽음이
헛되지 않도록
기성세대가
이윤이 아니라
생명을 우선하기를 기도합니다.

이 일에 관련된 당사자와
목격자들이 양심의 소리를 듣길
부모 된 마음으로 간구합니다.

하나님은 지금도
타자의 생명을 지킬 책임을
우리에게 묻고 계십니다.

● 창세기 22장 2-3절

22:2 여호와께서 이르시되
네 아들 네 사랑하는 독자
이삭을 데리고 모리아땅으로 가서
내가 네게 일러 준 한 산
거기서 그를 번제로 드리라
22:3 아브라함이 아침에 일찍이 일어나
나귀에 안장을 지우고
두 종과 그의 아들 이삭을 데리고
번제에 쓸 나무를 쪼개어 가지고 떠나
하나님이 자기에게
일러주신 곳으로 가더니

아브라함은
백세에 아들을 준다 말씀하신
하나님의 언약을 들을 때 속으로 웃었으며
사라의 설득에 넘어가
여종 하갈과 동침해
이스마엘을 얻었던 전력이 있었습니다.

그런데 이번은 달랐습니다.
가혹한 하나님의 명령에도
이유를 묻지 않았고
사라에게 사실을 숨기고
다음 날 아침 일찍 일어나
번제 드릴 준비를 했을 뿐입니다.

만약 사라가 알았다면
이삭을 피신시킬 게 분명했겠죠.
하나님의 계획에 방해된다면
배우자한테라도 함구해야 함을 보여 줍니다.

믿음생활에서도
공동체와 의논할 때가 있고
홀로 결단 내릴 때가 있습니다.
그러니 주께 기도해야 합니다.
지혜롭게 분별하고 행동하기를.

● 창세기 22장 12-14절

22:12 사자가 이르시되
그 아이에게 네 손을 대지 말라
그에게 아무 일도 하지 말라
네가 네 아들 네 독자까지도
내게 아끼지 아니하였으니
내가 이제야
네가 하나님을 경외하는 줄을 아노라
22:13 아브라함이 눈을 들어 살펴본즉
한 숫양이 뒤에 있는데
뿔이 수풀에 걸려 있는지라
아브라함이 가서 그 숫양을 가져다가
아들을 대신하여 번제로 드렸더라
22:14 아브라함이 그 땅 이름을
여호와이레라 하였으므로
오늘날까지 사람들이 이르기를
여호와의 산에서 준비되리라 하더라

하나님이 아브라함에게
이삭을 제물로 바치라 요구하십니다.

눈물과 땀으로 범벅되었을
늙은 아버지 아브라함에게 저항하지 않고
이삭은 제단에 올라갑니다.
절체절명의 순간 얼마나
아브라함은 이삭을 끌어내고
자신이 대신 제물이 되길 빌었겠습니까?
그러나 아브라함은 애끓는 마음으로 순종합니다.

하나님은 네가 하나님 경외하는 줄 알겠다며
이삭을 살리십니다.
미리 번제물도 준비해 두셨습니다.

창세기 12장 1절에서
'고향과 친척과 아버지의 집을 떠나라'
명하신 때부터 인생 전체에 동행하신
아버지 하나님의 사랑을
이삭 번제 사건을 겪고 나서야
아브라함은 깨닫고
여호와이레의 하나님을 고백합니다.

우리 인생의 거친 풍파가
하나님이 없다 불평하는 사건이 아니라

여호와이레를 고백하는
기회가 되길 기도합니다.

하나님께서 지으신 모든 것이 선하매

창세기 25장 32절과 34절, 26장 12절, 27장 36절

25:32 에서가 이르되 내가 죽게 되었으니
이 장자의 명분이 내게 무엇이 유익하리오
25:34 야곱이 떡과 팥죽을 에서에게 주매
에서가 먹으며 마시고 일어나 갔으니
에서가 장자의 명분을 가볍게 여김이었더라
26:12 이삭이 그 땅에서 농사하여
그 해에 백배나 얻었고
여호와께서 복을 주시므로
27:36 에서가 이르되 그의 이름을 야곱이라 함이
합당하지 아니하나이까
그가 나를 속임이 이것이 두 번째니이다
전에는 나의 장자의 명분을 빼앗고
이제는 내 복을 빼앗았나이다

교활함의 대명사인 야곱은
형 에서의 약점을 파고들어
장자의 자리를 얻고 아버지 이삭마저 속여
축복을 대신 받아 냅니다.

반면 에서는 단순하고 즉흥적인 인물로 비쳐지며
야곱에게 일방적으로 당한 피해자처럼 보입니다.

그런데 성경은 시간 차이로
야곱과 에서를 구별하게 돕습니다.
이삭이 거부가 되기 전
장자권을 갈망했던 야곱과
세속적인 부를 눈으로 보고서야
장자권에 눈을 돌린 에서는
묘한 대조를 이룹니다.

그렇다면 에서는 야곱보다 속물적이고
야곱은 주도면밀하게 장자권을 향해
한 걸음 한 걸음 내딛은 것이 아닐까요?

속이는 자라는 뜻인 '야곱'에서
하나님과 겨루어 싸워 이긴 자란
'이스라엘'이란 이름을 얻게 된 바탕에는
장자권을 향한 야곱의 집요함이 있었습니다.

인간적으로는 간교하게 보여도
하늘의 신령한 복을 흠모했던
야곱의 간절함에 고개를 숙이게 됩니다.

● 창세기 41장 51절

41:51 요셉이 그의 장남의 이름을
므낫세라 하였으니
하나님이 내게 내 모든 고난과
내 아버지의 온 집 일을
잊어버리게 하셨다 함이요

하나

야곱이 사랑하던 라헬의 자녀인 요셉과
사랑을 받지 못한 레아의 자녀인 형들

레아의 수치를 보고 자란 형들이
요셉을 편애하는 아버지를 볼 때
그들 마음속에 일었을 감정을
우리는 쉽게 짐작할 수 있습니다.

요셉의 철없는 자랑과 우쭐댐은
원망과 분노라는 불에 기름을 붓는 격이었고
요셉을 죽이지는 말자는 유다의 만류로
애굽에 노예로 팔려 가게 되나

신실한 믿음과 성실함으로
요셉은 총리에 오릅니다.

그 후 얻은 첫아들을
요셉이 므낫세라 칭할 때는
형들의 잘못을 덮고
야곱의 편애가 끼친 폐해와
자신의 경솔한 과거를
털어 내길 구했다고 생각합니다.

둘

뾰족한 칼끝처럼 자신을 찌르는
상처로 뒤덮인 과거,
마음에 차곡차곡 쌓인
원망과 분노의 감정은
자신의 노력으로는
없앨 수도, 잊을 수도 없습니다.

오직 하나님의 간섭
잊어버리게 하는 은혜를
허락하실 때
가능하기 때문입니다.

셋

우리가 받은 상처가 있다면
반드시 우리가 준 상처도 있습니다.
우리가 받은 상처를 잊는 순간
우리가 준 상처를
상대가 덮어 주는 기회가 옵니다.

'우리가 우리에게
죄 지은 것을 사하여 준 것 같이
우리의 죄를 사하여 주옵시고'라는
주기도문과도 일치합니다.

부끄럽고 아픈 시간들을
다 잊어버리게 해 주시는
므낫세의 은혜를
간절히 원합니다.

로뎀나무 1

엘리야
- 여호와는 하나님이시다
이사야
- 야훼 하나님께서는 구원이시다

성경에 나오는 인물과
그 이름의 뜻을 눈 여겨 보기
인생의 크고 작은 시련들 속에서
드려질 신앙고백 기대하기

사무엘
'하나님께서 들으셨다'란 뜻
말씀이 희귀한 시대에
마지막 사사로
늘 말씀을 붙들었던 사무엘

하나님께서 우리의 음성을
듣기 위한 전제조건은
전심으로 말씀을 붙드는 것
먼저 하나님의 음성을 경청하는 것

· 출애굽기 8장 16절과 19절

8:16 여호와께서 모세에게 이르시되
아론에게 명령하기를
네 지팡이를 들어 땅의 티끌을 치라 하라
그것이 애굽 온 땅에서 이가 되리라
8:19 요술사가 바로에게 말하되
이는 하나님의 권능이니이다 하였으나
바로의 마음이 완악하게 되어
그들의 말을 듣지 아니하였으니
여호와의 말씀과 같더라

전능자 하나님이 일하시는 방식은
세상과 다릅니다.
강하고 큰 것을 취하지 않고
약하고 여린 것을 들어 쓰십니다.
하찮게 보이는 티끌이라도 하나님이 쓰시면
하나님의 일에 참여하는 존재가 되니
무엇이 되느냐보다는
누구에게 쓰임받는가가
더 중요한 기준이 되는 듯합니다.

자꾸 커지고 강해지려는 완악함은
너희는 가만히 있어
내가 하나님 됨을 알 지어다의 말씀과
정면으로 위배되는 상태입니다.

약함 속에 찾아오시는
하나님의 크신 사랑으로
각자 자신의 힘을 빼고
기쁘게 온유함으로 옮겨 가길 소망합니다.

● 신명기 1장 31절

1:31 광야에서도 너희가 당하였거니와
사람이 자기 아들을 안는 것 같이
너희 하나님 여호와께서
너희가 걸어온 길에서
이 곳까지 이르게 하셨느니라

성령 하나님께서
혹독한 광야 길을
지나가게 하실 것을 믿습니다.

우리의 힘만으로 빠져나오려 하면
애를 써도 기진맥진해질 뿐
막막한 광야를
맴돌게 됩니다.

제 힘으로 걷는 듯 보여도
하나님이 허락하신
바람과 햇살, 물과 공기가 없다면
우리의 생명은 한시도 존재할 수 없습니다.

하나님께서 지으신 모든 것이 선하매

우리를 창조하신 전능자
하나님이 도우심을 믿고
우리의 힘을 뺄 때
길이 없는 곳에
새로운 길이 나타납니다.

• 룻기 1장 16절 후반과 20절

1:16 어머니의 백성이 나의 백성이 되고
어머니의 하나님이 나의 하나님이 되시리니
1:20 나오미가 그들에게 이르되
나를 나오미라 부르지 말고
나를 마라라 부르라
이는 전능자가 나를
심히 괴롭게 하셨음이니라
(마라 - 괴로움, 고통, 쓰다)

'빵집'이라는 뜻을 가진 '베들레헴'을 떠나
모압으로 간 나오미는
남편과 두 아들이 죽자 두 며느리를 보내고
홀로 '베들레헴'으로 돌아가려고 하지만
룻은 시어머니를 따릅니다.
16절에서 시어머니 나오미는
룻이 따르려는 모범적인 신앙인으로 보여지는데
20절의 전능자가 나를 괴롭게 했다는
이해되지 않는 표현이 나옵니다.

부푼 꿈을 안고 이방으로 갔지만
남편과 아들을 잃고 초라하게 귀향한
나오미의 처지가 안타깝지만
원망 이전에 회개부터 했어야 맞지 않을까요?
그래야 룻의 고백에 걸맞은 게 아닐까요?

사람이 각기 자기의 소견에 옳은 대로 행하였던
사사시대의 풍조에 나오미도
어느새 흠뻑 젖었기 때문에
전능자가 괴롭게 했다는
한탄이 나왔을 거라 생각합니다.

그러나 나오미는 룻이라는
새신자의 믿음을 통해 신앙이 회복됩니다.
언제부터 믿었는가가 아니라
지금 어떤 믿음이냐가 더 중요합니다.

로뎀나무 2

이방여인으로 예수의 족보에 오른
룻의 이야기를 담은
룻기를 다시 들춰 봅니다.

모압으로 이주할 때
결정적 역할을 한 사람은
나오미가 아닐까 생각했습니다.
'하나님은 왕이시다'
엘리멜렉은
'나의 기쁨'인
나오미의 강권에
두 아들 말론(무효의)과
기룐(낭비하다)을 데리고
'빵집' 베들레헴을
떠나옵니다.

남편이 죽고서 못 깨닫고
두 아들이 죽고서도 못 깨닫고
육신의 양식을 찾아

고국으로 돌아가려 합니다.
두 며느리가
자신을 쫓아오려 할 때
나오미는 남편과 아들처럼 될까
심히 두려워했을 것입니다.
나오미 설득에 오르바는 떠나가고
룻은 따라옵니다.

어머니의 하나님이
나의 하나님이라는 룻의 고백을
들었을 때 나오미는
뒤통수를 한 대 맞는 기분이었을 것입니다.
그제서야 나오미는
'나의 기쁨'을 위해
베들레헴을 떠난 시간은
'낭비한, 무효의' 시간이었고
하나님이 왕이시라는
불변의 진리를
깨달았을 것입니다.

나오미는 베들레헴에 도착하여
엘리멜렉의 친족

보아스를 찾아갑니다.
모압으로 가기 전에는
왜 안 찾아가고
돌아왔을 때는
어떻게 찾아갈 수 있었을까요?
나오미는 자신의 생존이 아니라
룻을 먹이기 위해서
자존심을 내려놓습니다.
나의 기쁨을 버립니다.
이삭을 줍는
바닥의 삶을 받아들입니다.
나의 기쁨이
산산이 무너지는 순간,
은혜의 시간이 시작됩니다.

우리 삶의 목적은
우리의 기쁨이 아니라
하나님은 왕이시라는 진리를
알리는 데 있음을
나오미의 돌이킴을 통해서
다시금 배웁니다.

사무엘상 1장 7절과 10절

1:7 매년 한나가 여호와의 집에
올라갈 때마다 남편이 그같이 하매
브닌나가 그를 격분시키므로
그가 울고 먹지 아니하니
1:10 한나가 마음이 괴로워서
여호와께 기도하고 통곡하며

한나는 자신을 아끼는 남편 엘가나가 아니라
자신을 격분케 하는 브닌나를 통해
하나님께 기도하고 서원을 드려
사무엘을 낳았습니다.

브닌나의 인품이 훌륭했다면
한나는 죽을 때까지 사이좋게 지내며
현실에 만족했을 수도 있었겠죠.
마찬가지로
보디발의 아내가 현숙한 사람이었다면
요셉은 보디발의 집에서
늙어 죽었을지도 모릅니다.

인생의 브닌나를 만날 때
사무엘을 잉태할 소망을 꿈꾸고
보디발의 아내와 마주칠 때
미리 위기를 대비하려고
하나님이 일하신다 믿어야겠습니다

한나는 브닌나 덕분에
요셉은 보디발의 아내 덕분에
하나님의 일에 참여했습니다.

믿는 자는 때문이 아니라
덕분에를 입에 달고 살아야 할 듯합니다.

　하나님께서 지으신 모든 것이 선하매

사무엘상 15장 20-24절

15:20 사울이 사무엘에게 이르되
나는 실로 여호와의 목소리를 청종하여
여호와께서 보내신 길로 가서
아멜렉 왕 아각을 끌어왔고
아말렉 사람들을 진멸하였으나
15:21 다만 백성이
그 마땅히 멸할 것 중에서
가장 좋은 것으로 길갈에서
당신의 하나님 여호와께 제사하려고
양과 소를 끌어 왔나이다 하는지라
15:22 사무엘이 이르되
여호와께서 번제와 다른 제사를
그의 목소리를 청종하는 것을
좋아하심 같이 좋아하시겠나이까
순종이 제사보다 낫고
듣는 것이 숫양의 기름보다 나으니
15:23 이는 거역하는 것은
점치는 죄와 같고
완고한 것은

사신 우상에게 절하는 죄와 같음이라
왕이 여호와의 말씀을 버렸으므로
여호와께서도 왕을 버려
왕이 되지 못하게 하셨나이다 하니
15:24 사울이 사무엘에게 이르되
내가 범죄하였나이다
내가 여호와의 명령과
당신의 말씀을 어긴 것은
내가 백성을 두려워하여
그들의 말을 청종하였음이니이다

아말렉을 진멸하라는 명령에도
전리품을 남겨 두어
자랑하고 싶은 본성을 억누르지 못하고
제사 드릴 양과 소를 남겨 둔 사울에게
사무엘이 꾸짖습니다.
'순종이 제사보다 낫다'
사무엘이 추궁하자
사울은 자신이 여호와의 목소리를 청종하지 않고
백성의 목소리를 청종했다 시인합니다.
사울의 불순종은 사소한 것처럼 보이나
자신의 의를 드러내려 할 때

성경은 분명히 악하다고 말합니다.
때문에 왕의 자리를 뺏는다 경고합니다.

우리도 인생의 많은 순간에서
하나님의 뜻을 따르기보다
우리의 소욕을 따르고
주변의 눈치를 보고 세상의 인정을 구합니다.

하나님께 묻고 그의 말씀을 기다리며
행하는 것이 믿는 자의 특권입니다.
자신의 관심과 만족만을 영순위에 두려 할 때
탐욕스러운 마음 쳐내기를 간구합니다.

열왕기상 18장 3절 후반 / 욥기 1장 1절

열왕기상 18:3 (3년간 비를 내리지 않으신
하나님을 원망하지 않고
왕궁의 일꾼이기보다
여호와의 종으로 살길 원한 오바댜)
이 오바댜는
여호와를 지극히 경외하는 자라

욥기 1:1 우스 땅에
욥이라 불리는 사람이 있었는데
그 사람은 온전하고 정직하여
하나님을 경외하며 악에서 떠난 자더라

오바댜와 욥은 공통적으로
하나님을 경외한 자입니다.
착하고 충성된 종이 되길 원한다 기도하지만
은연중에 하나님을 원하는 대로 조종하려 든다면
참된 경외가 아니며 그럴 때는
제대로 종노릇할 수 없습니다.

지금 눈에 보이지 않아도
하나님의 일하심을 신뢰할 때
자발적인 순종이 따릅니다.

믿음만큼 순종하고
주님 가신 길을
순종하는 만큼
믿음이 자랍니다.

열왕기상 19장 4절 후반

19:4 자기가 죽기를 원하여 이르되
여호와여 넉넉하오니
지금 내 생명을 거두시옵소서
나는 내 조상들보다 낫지 못하나이다 하고

이세벨의 위협에 혼비백산하여
달아난 로뎀나무 아래서
생명을 거둬 달라 청하는 엘리야에게
바알에게 무릎 꿇지 않은
칠천 명을 남겨 두었다고
여호와가 말씀하십니다.

다른 공동체도 그렇지만 신앙공동체일수록
1인 리더에 절대적으로 의존하면
문제가 생기는 것 같습니다.
서로 번갈아 길잡이를 맡으며
먼 길을 이동하는 철새의 팀워크를
교회가 배워야 할 것 같습니다.
'너는 택한 족속 왕 같은 제사장'이라 부름받은

평신도들이 만인제사장 의식을 가지고
목회자와 합하여 선을 이룰 때
교회의 머리가 누구이신지
드러나리라 생각합니다.

주님 허락하신 시간에
자신의 공로가 아닌
주님의 영광이 나타나길 사모하며
지극히 작은 일도 주의 일처럼 하길….

열왕기상 19장 9절

19:9 엘리야가 그 곳 굴에 들어가
거기서 머물더니
여호와의 말씀이 그에게 임하여 이르시되
엘리야야 네가 어찌하여 여기 있느냐

번아웃된 엘리야가
사십 주야를 쉬고도 굴 밖으로 나오지 않자
하나님이 물으십니다.
네가 어찌하여 여기 있느냐?
핑계대기에 급급한 엘리야에게
하나님은 어찌하여 여기 있느냐 물으시며
사명을 주십니다.

다메섹으로 가 하사엘을 아람 왕으로 기름 붓고
예후에 기름 부어 이스라엘의 왕으로 세우며
엘리사를 선지자 삼으라.
그때에도 엘리야는 주저주저한 듯합니다.
하나님이
바알에게 무릎 꿇지 않은

칠천 명을 남겨놓으셨다고
안심시키신 걸 보면요.

우리가 낙심할 때
엘리야가 타산지석이 됩니다.
먹고 쉬면서
사명을 깨닫고
동역자가 함께함에
기운을 내는 것.
그 과정에
보혜사 성령이
함께하심을 믿습니다.

로뎀나무 3

사랑은 우리를
행복하게 해 주기 위해서가 아니라
우리가 고뇌의 인고 속에서
얼마나 강할 수 있는지를
보여 주기 위해 존재한다.

사랑은 모든 탁월성과 모든 이해력이고
고통 속에서도 미소를 지을 수 있는
모든 능력이다.

– 헤르만 헤세

사랑은 타인의 고통에 반응하는 것
남에게 권력을 휘두르지 않고
나를 낮춰 남을 떠받들 때
거룩의 시간이 찾아옵니다.

주님의 사랑을 생각해 봅니다.
주님은 끝없이 자신을 낮추어

하나님 말씀에 순종하여
사랑을 완성하셨습니다.
자신을 제물로 드려
죄 된 인간을 구원했습니다.

그러니
주를 따른다는 크리스천이
온몸과 정성을 다해
낮아지기에 힘씀이 마땅하겠지요.

다른 이의 목마름을
해갈시켜 주기 위해
기꺼이 마중물이 되는
인생을 꿈꿉니다.

욥기 1장 9절

1:9 사탄이 여호와께 대답하여 이르되
욥이 어찌 까닭 없이
여호와를 경외하리이까

욥기 전체가
사탄의 빈정대는 질문에 대한
하나님과 욥의 답변이라는
생각이 듭니다.

온전하고 정직하여
하나님을 경외하던 욥이 겪었던
엄청난 시련에 대해
침묵하시던 하나님이 욥에게 해 준 말씀은
사탄과의 밀약에 대한 해명이 아니라
하나님의 정체성,
자신이 천지를 창조한
전능자이심을 확인시키는 것이었습니다.

지금 상황에 비춘다면

저 또한 시련의 이유를 묻기 전에
하나님이 어떠한 분이신지
바라보려 합니다.

시편 1편 1절 전반과 2절

1:1 복 있는 사람은
악인의 꾀를 좇지 아니하며
1:2 오직 여호와의 율법을 즐거워하여
그 율법을 주야로 묵상하는 자로다

시편 저자의 복은
소유 중심의 세상 가치를 뛰어넘습니다.

밤낮으로 여호와의 율법을
가까이한다는 자체가
우리의 노력이 아니라
하나님이 주시는 은혜이며,
우리가 무엇을 즐거워하느냐에
믿음의 좌표가 정해지기 때문입니다.

시편 20편 3절

20:3 네 모든 소제를 기억하시며
네 번제를 받아 주시기를 원하노라 (셀라)

하나

구약에서
곡물로 드리는
소제는 감사를
희생제물을 바치는
번제는 속죄를 상징하는데
이미 예배의 형식에
들어와 있습니다.
감사와 회개.

물질의 십일조만큼
시간의 십일조도
중요하다고 생각합니다.
24시간의 십일조
2시간 24분의 시간을
회개와 감사로 채우는 것.

이를 가능케 하는 힘은
말씀과 기도로
지체를 섬기는 일.

둘

기어해야 감시할 수 있고
주가 가져가지 않으시면
죄책감은 소멸되지 않는 것 같습니다.

결국 감사는 노력이 필요하고
속죄는 전적인 은혜임을 깨닫게 됩니다.

새벽닭이 세 번 울기 전
주를 부인하던 베드로에게서
죄책감을 도려내고
새 소망을 심으셨듯
우리의 죄책감을 해결하실 분은
오직 주님밖에 없습니다.
그러니 이 은혜에
감사드림이 마땅하고
마땅한 듯합니다.

시편 21편 1절

21:1 여호와여 왕이
주의 힘으로 말미암아 기뻐하며
주의 구원으로 말미암아
크게 즐거워하리이다

우리의 정체성, 하나님의 형상
지음 받은 뜻대로
기뻐하고 즐거워하는 것의 근원은
여호와로 말미암음 자체.

보암직하고 먹음직한 것들에 현혹되지 않고
별맛도 없지만 몸에 좋은 채소뿌리를
단물이 빠져나올 때까지 씹어 먹듯
말씀도 머금고 있기가 우리의 미션.

코로나의 광풍에 대다수의 사람들이
코로나를 묵상합니다.
우리의 시선이
코로나보다
크신 주를 향해 있기를.

● 시편 23편 3절

23:3 내 영혼을 소생시키시고
자기 이름을 위하여
의의 길로 인도하시는도다

하나

여호와 하나님은
우리의 영혼을 소생시키고
가만히 내버려 두지 않으십니다.

놔두면 탐욕으로 가득 찰
우리의 죄성을 아시는 하나님은
우리 자신의 이름이 아닌
자기 이름을 위하는 삶,
곧 하나님의 의가
드러나는 인생을 살게 하십니다.

하나님을 만나는 순간 인생이 달라지니
그 자체가 은혜이며 축복입니다.

둘

하나님이 자기 이름을 위하여
의의 길로 인도하시는 것.
어찌 보면 우리를 수단 삼아
자신의 이익을 취하는
이기적인 하나님 같기도 합니다.

그런데 부모 된 입장에서 바라보면
이해가 됩니다.
부모는 자식과 동일시하여
자식이 반듯한 길을 갈 때 뿌듯해하고
자식이 그릇된 길을 걸을 때 안타까워합니다.

하나님도 그러합니다.
하나님 형상으로 지음 받은 우리와
자신을 동일시하셔서
우리가 의의 길을 가는 것을 기뻐하시고
우리가 나쁜 길로 빠질 때 근심하십니다.
그러니 우리가 의의 길을 가는 것이
하나님 자신의 이름을 위한 것이라 하신 것.

우리가 최고로 잘 사는 상태

우리를 위한 가장 좋은 길이
그의 이름을 위해 사는 거라
일러 주시는 하나님의 음성을
다윗은 들었고 고백했습니다.
마음에 합한 자란 이름을
다윗이 받을 만합니다.

하나님께서 지으신 모든 것이 선하매

시편 46편 10절

46:10 이르시기를 너희는 가만히 있어
내가 하나님 됨을 알지어다
내가 뭇 나라 중에서 높임을 받으리라
내가 세계 중에서
높임을 받으리라 하시도다

제사가 아닌 순종을
기쁘게 받으시는 하나님이
우리에게 가만히 있으라
말씀하십니다.

가만히 있는 일은
기꺼이 조연이 되는 것
자신을 드러내지 않고
묵묵히 배경이 되는 것
가만히 있는 일이
기도의 출발점이라 생각합니다.

말이 어눌하다는 모세의 말은

겸손이 아닌 불신앙.
우리의 능력을 키운다는 건 부의 축적 같은
자본주의적 발상, 인본주의적 관점이지
하나님은 우리의 부족을 탓하지 않으십니다.

대신 거룩한, 세상과의 구별됨을 요구하십니다.
거기서 하나님의 역사가 일어납니다.
주변 비웃음에 아랑곳하지 않고
방주를 만들던 노아,
생명을 걸고 기도한 다니엘을 통해.

엄마 뒤를 졸졸 따라다니는 어린아이가
기독교신앙의 모델입니다.
우리가 날마다 하나님 음성만 듣고
그의 손만 붙잡길 소망합니다.

● 시편 73편 2-3절과 17절

73:2 나는 거의 넘어질 뻔하였고
나의 걸음이 미끄러질 뻔하였으니
73:3 이는 내가 악인의 형통함을 보고
오만한 자를 질투하였음이로다
73:17 하나님의 성소에 들어갈 때에야
그들의 종말을 내가 깨달았나이다

자신은 악인이 아니라 착각한 채
악인이 흥한다 불평하지만
하나님의 성소에서
말씀에 비추어 볼 때에야
비로소 밝히 보인다는
시편 저자의 고백이
저의 고백이길 기도합니다.

● 시편 88편 9절

88:9 곤란으로 말미암아
내 눈이 쇠하였나이다
여호와여 내가 매일
주를 부르며 주를 향하여
나의 두 손을 들었나이다

인생에서 큰 문제에 닥쳤을 때
보통 눈앞이 캄캄하다고 말합니다.
물리적으로는 다 보여도
길이 보이질 않는 상태.

시편 저자는 어떤 곤란을 겪고 있기에
눈이 쇠하였다 표현할까요?
자신의 힘으로는
도저히 헤쳐 나갈 수 없는 상황에서
도와주는 이도 없어
울부짖는 연약한 지체의 모습이
선명하게 떠오릅니다.

형제가, 친구가, 손을 내밀었다면
주를 매일 부르고
주를 향해 두 손을 들 필요도
못 느꼈을지 모릅니다.
다들 외면했기에
주변 사람들도 도울 힘이 없기에
시편 저자는 오로지 주님만 보고
주님 한 분에게만 매달리는 것입니다.

성경은 하나님과 동행하는 삶을
형통하다고 말합니다.
눈앞에 되는 일 없고
사방팔방 둘러봐도 믿는 구석 하나 없어
인생의 주인 되신 그 하나님만 붙들 때
우리는 시련을 통해
형통한 삶을 살 기회를 얻습니다.

우리의 문젯거리는
주님과 대면하면 기도거리가 되고
기도하면서 감사거리로 변합니다.
마치 가나안 잔치처럼
물(문제)이 변하여 포도주(감사)가 되는 이적이

우리 삶에서 날마다 일어나니
두 손을 높이 들어
주를 찬양합니다.

하나님께서 지으신 모든 것이 선하매

● 시편 94편 19절

94:19 내 속에 근심이 많을 때에
주의 위안이
내 영혼을 즐겁게 하시나이다

생각이 많아질 때는
사람마다 다르겠지만
주로 뭔가 불확실하고
근심이 가득할 경우인 듯합니다.
그럴 때 각자 지혜를 모으고
주변 의견 듣는 것이
분명 필요하고 도움이 되지만
영혼을 즐겁게 하는 위안은
오직 주로부터 나온다는
시편기자의 고백이
마음에 와닿습니다.

고난의 한복판에서도
하나님을 바라보려 했던
시편기자는

햇빛을 따라 휘어지는
식물의 굴광성을
너무나 잘 보여 준다고
생각합니다.

하나님을 잘 따라가려고
기꺼이 굽히는 우리가 되길
그래서 참된 위로자인
하나님을 만나
영혼이 즐거워하길 기도합니다.

하나님께서 지으신 모든 것이 선하매

시편 119편 105절

119:105 주의 말씀은 내 발에 등이요
내 길에 빛이니이다

캄캄한 방을 환하게 밝히는 일은 쉽습니다.
LED 전깃불의 ON을 누르기만 하면 됩니다.
믿는 자들에게 빛이 비추는 원리도 간단합니다.
하나님 믿는 믿음을 ON 상태로 유지하는 것.

그러나 육신의 정욕, 안목의 정욕에 의해
우리의 눈이 가려지고
귀가 어두워지면
우리는 믿음의 스위치를 켜는 대신
세상 즐거움에 민첩해져서는
쾌락의 스위치를 24시간 켜 둡니다.

어둠에 익숙해지면 캄캄한 줄도 모릅니다.
어둠을 드러내고 빛을 바라게 되는 과정은
생명이신 주의 말씀만으로 가능해집니다.
우리의 발길을 말씀에 비춰

어둠의 길을 피하게 하시는
사랑의 주님을 찬양합니다.

하나님께서 지으신 모든 것이 선하매

시편 139편 4절

139:4 여호와여
내 혀의 말을 알지 못하시는 것이
하나도 없으시니이다

가까운 사람들도 때로는
내가 하는 말의 진의를
몰라줄 때가 있습니다.
상대에게 본뜻을 전하고 싶어
차근차근 말하다가도
진심이 전달되지 않으면
욱하는 마음이 들고
때로는 말싸움이 나기도 합니다.

그러나 여호와는
내 혀의 말을 알지 못하시는 것이
하나도 없다고 합니다.
세상 누구보다
나를 더 잘 알아주시는 분답습니다.

잘 들어 주지 않는 사람 붙들고
하소연하지 말고
나의 말을 전부 아시는
하나님께 토로하기를 소망합니다.

하나님께서 지으신 모든 것이 선하매

로뎀나무 4

하나

저장강박증, 호더를
소재로 만든 다큐를 보고
공포스러웠습니다.
쓸모없는 물건이
집안을 꽉 채워서
정작 다리 뻗고
누울 자리도 없는 생활.

저는 무엇으로
집안을 채우고 있는지
믿음에 방해되는 쓰레기는
무엇일까 생각해 봤습니다.
출발점이 하나님이 아니라면
쓰레기로 분류해야겠지요.

자신의 화려한 왕궁을 보며
하나님의 성전을
생각했던 다윗의 마음을

닮아 가고 싶습니다.

제 안의 쓰레기를 치우고
정결한 하나님의 처소를
만들고 잘 돌아보기를
소망합니다.

둘

하나님이 우리 안에서
일하시게 하려면
하나님이 거할 공간을
만들어야 합니다.
성공주의, 기복주의
탐심과 정욕, 이생의 자랑 등
가득 쌓아 놓은 잡동사니를
버려야 합니다.

우리를 비울 때
비로소 하나님이 일하십니다.
우리를 비우는 비법
말씀과 기도로
배설물 같은

우리의 소욕이 옅어지면
하나님이 기쁘신 뜻을 이루시니
우리는 얼마나 가벼울지.

마태복음 11장 29절에서
나의 멍에를 메고
내게 배우라는
주님의 말씀이
가깝게 다가옵니다.

● 잠언 16장 9절

16:9 사람이 마음으로
자기의 길을 계획할지라도
그의 걸음을 인도하시는 이는 여호와시니라

뒤돌아 인생을 보면
자신의 뜻대로 된 일보다
그렇지 않은 경우가 더 많았습니다.

내 뜻대로 안 되어 당시에는 속상했지만
결과적으로 참 다행이다
여기는 일도 있었습니다.

세상은 자기 주도적 삶을 아름답다 하지만
성경은 종으로 사는 것이 아름답다고 합니다.
세상은 다른 사람 귀찮게 하지 말고
알아서 살라고 하는데
하나님은 나한테 물어보라고
내가 알려 준다 말씀하십니다.

하나님께서 지으신 모든 것이 선하매

왜일까요?
우리의 결정보다 하나님의 결정이
언제나 옳기 때문입니다.
우리가 할 일은 더 자주 묻는 일.
하나님은 늘 들을 준비가 되셨고
하나님은 늘 대답할 준비가 되셨습니다.

우리는 하나님 앞에서 체면을 따지고
어떻게 하면 점수를 더 딸까 궁리하나
아버지 하나님은 그냥 빈손으로 나오라 합니다.
너 하나면 충분하다 하십니다.
쭈뼛거리지 않고 앞으로 나아가길 원합니다.
하나님 음성을 더 잘 듣기 위해
하나님께 더 자세히 물어보기 위해.

• 이사야 22장 12-13절

22:12 그 날에
주 만군의 여호와께서 명령하사
통곡하며 애곡하며 머리 털을 뜯으며
굵은 베를 따라 하셨거늘
22:13 너희가 기뻐하며 즐거워하여
소를 죽이고 양을 잡아
고기를 먹고
포도주를 마시면서
내일 죽으리니
먹고 마시자 하는도다

하나님이 통곡하고 애곡하라
명하셨는데 패역한 이스라엘은
내일 죽을 텐데
오늘 먹고 마시자 합니다.
하나님의 법에서 멀어진 것을
슬퍼하며 회개해야 살 길이 열립니다.
악한 길에 미련을 두고
맴돌고 있지 않은지

날마다 스스로를
살펴야겠습니다.

• 이사야 23장 9절

23:9 만군의 여호와께서
그것을 정하신 것이라
모든 누리던 영화를 욕되게 하시며
세상의 모든 교만하던 자가
멸시를 받게 하려 하심이라

하나님은 두로와 시돈에게 경고하십니다.
영화로운 것을 욕되게 하는 것이
하나님이 정하신 바라고 말씀하십니다.
이렇게 하시는 이유는 교만하던 자가
멸시를 받게 하기 위함입니다.
우리가 욕된 자리에 있을 때
억울하다가 아니라
하나님이 정하신 것임을 받아들이고
멸시를 당해야 합니다.

이사야 25장 8절

25:8 주 여호와께서 모든 얼굴에서
눈물을 씻기시며
자기 백성의 수치를
온 천하에서 제하시리라
여호와께서 이같이 말씀하셨느니라

주님이 모든 얼굴에서 눈물을 씻기고
수치를 제한다고 하십니다.
우리가 수치 가운데
눈물을 보이면서도 쓰러지지 않음은
우리의 위로자 되시는
하나님이 계시기 때문입니다.
결코 세상적인 성공으로 웃고
실패로 우는 시시한 인생이 아닙니다.

• 이사야 26장 3절

26:3 주께서 심지가 견고한 자를
평강하고 평강하도록 지키시리니
이는 그가 주를 신뢰함이니이다

우리의 평강은
다른 데서 나오는 것이 아니라
주가 지켜 주실 때 옵니다.
우리의 심지가 견고하여
오직 주만 신뢰하기를 소망합니다.

이사야 27장 3절

27:3 나 여호와는 포도원지기가 됨이여
때때로 물을 주며 밤낮으로 간수하여
아무든지 이를 해치지 못하게 하리로다

여호와가 때때로 물을 주고
밤낮으로 우리를 간수하여
해치지 못하게 하신다고 약속하셨습니다.
생명의 근원이 되시는 하나님이
우리를 지키시고,
공급하심을 믿는다면
우리가 두려워할 것이 없습니다.

● 이사야 28장 16절

28:16 그러므로 주 여호와께서
이같이 이르시되
보라 내가 한 돌을 시온에 두어
기초를 삼았노니
곧 시험한 돌이요
귀하고 견고한 기촛돌이라
그것을 믿는 이는
다급하게 되지 아니하리로다

하나님은 예수님으로 기초를 삼는다는
예언을 하셨습니다.
예수님을 구주로 믿는 이에게는
다급함이 없다고 하십니다.
예수님을 믿는 우리에게는
조급함이 없어야겠습니다.
모든 상황 속에서 평안하고
평강하길 소망합니다.

● 이사야 29장 13절

29:13 주께서 이르시되
이 백성이 입으로는 나를 가까이 하며
입술로는 나를 공경하나
그들의 마음은 내게서 멀리 떠났나니
그들이 나를 경외함은
사람의 계명으로 가르침을 받았을 뿐이라

하나님은 입술만의 공경이 아니라
마음을 다하라고 말씀하십니다.
계명을 잘 지키는 것만도 힘들다고
불평하는 우리에게
수준을 높여 신실함을 주문하십니다.
자녀 된 우리가 진심에서 우러나와
순종하길 바라십니다.

● 이사야 30장 1절

30:1 여호와께서 이르시되
패역한 자들은 화 있을진저
그들이 계교를 베푸나
나로 말미암지 아니하며 맹약을 맺으나
나의 영으로 말미암지 아니하고
죄에 죄를 더하도다

하나님으로 말미암지 않는
계교와 맹약은 쓸데없을 뿐 아니라
죄를 더할 뿐이라고
단호히 말씀하십니다.
상황을 개선하려고 궁리를 하고
사람에게 돕는다는 약속을 받아 내는 건
아무런 힘이 없습니다.
우리가 의지하는 것의 뿌리에
하나님이 계신가 물어야 합니다.

이사야 31장 5절

31:5 새가 날개 치며 그 새끼를 보호함같이
나 만군의 여호와가
예루살렘을 보호할 것이라
그것을 호위하며 건지며 뛰어넘어
구원하리라 하셨느니라

새끼를 보호하기 위해
어미는 목숨도 버릴 각오가 되어 있습니다.
그런 마음으로 하나님은
우리를 호위하고
구원하신다고 말씀하십니다.

입으로는 전능하신 하나님이
지켜 주신다고 하면서
실제로는 걱정하고 두려워한다면
믿음이 더욱 단단해질 필요가 있습니다.
불 가운데 갈지라도
우리와 함께하시는 이는
주님밖에 없음을 고백합니다.

이사야 32장 8절과 17절

32:8 존귀한 자는 존귀한 일을 계획하나니
그는 항상 존귀한 일에 서리라
32:17 공의의 열매는 화평이고
공의의 결과는 영영한 평안과 안전이라

하나님께 구원받은 우리가
존귀한 일만을 계획하고
존귀한 일에만 서 있는지 살펴야 합니다.

화평과 평안과 안전의 열매가
우리가 서 있는 삶의 자리에 맺히는지
공의의 편에 있는지 물어야 합니다.

하나님께서 지으신 모든 것이 선하매

• 이사야 33장 15-16절

33:15 오직 공의롭게 행하는 자
정직히 말하는 자
토색한 재물을 가증히 여기는 자
손을 흔들어 뇌물을 받지 아니하는 자
귀를 막아 피 흘리려는 꾀를
듣지 아니하는 자
33:16 그는 높은 곳에 거하리니
견고한 바위가 그의 요새가 되며
그의 양식은 공급되고
그의 물은 끊어지지 아니하리라

우리의 손과 귀, 그리고 눈을 절제하여
악의 길에 빠지는 통로가 되지 않도록
경계해야 합니다.
악과 싸워 나갈 힘은
주님이 주십니다.
우리가 승리하도록 돕는
주님께 구하여 넘어지지 않을 때
더욱 견고해질 것입니다.

이사야 34장 12절

34:12 그들이 국가를 이으려 하여
귀인들을 부르되 아무도 없겠고
그 모든 방백도 없게 될 것이요

국가를 잇기 위해
귀인과 방백이 할 몫이 있겠지만
전적으로 그들에게 달려 있지는 않습니다.
세상의 권세를 뛰어넘어
여호와가 혼란의 줄,
공허의 추를 드리우시면
인간의 노력은 물거품이 됩니다.
우리가 부산스럽게 귀인을 찾아다니고
방백을 불러 모으고 있는지
멈추어 생각해 봅니다.
우리의 눈이 온전히
하나님의 손끝에 향해 있길 간구합니다.

이사야 35장 10절

35:10 여호와의 속량함을
받은 자들이 돌아오되
노래하며 시온에 이르러
그들의 머리 위에 영영한 희락을 띠고
기쁨과 즐거움을 얻으리니
슬픔과 탄식이 사라지리로다

여호와께 속량함을 받은 우리는
희락, 기쁨과 즐거움을
뿜어내며 살아야 합니다.
슬픔과 탄식은
우리의 얼굴에 맞지 않습니다.
우리 얼굴은 전도지이기 때문입니다.

• 이사야 55장 8절

55:8 이는 내 생각이 너희의 생각과 다르며
내 길은 너희의 길과 다름이니라
여호와의 말씀이니라

우리의 생각은 거기에서 거기입니다.
그럴듯하게 포장하지만
속을 들여다보면 자신에게 유리하면 좋아하고
자신에게 손해가 오면 싫어합니다.

아무리 옳은 일이라도 얻는 것 없이
자신의 돈과 시간만 들이는 일이라면
손을 내젖고,
찜찜한 일이라도
큰 이익이 예상되면
거기에 끼지 못해 안달이 납니다.

그러나 하나님의 생각은 다릅니다.
하나님은 겉포장을 뜯지 않고도
내용물을 아십니다.

우리 마음이 흘러가는 방향과 원인을
환하게 보십니다.

우리의 생각과
하나님의 생각이 달라서 다행입니다.
우리의 길과
하나님의 길이 같지 않아 감사합니다.

말씀을 통해 하나님의 생각과
하나님의 길을 알아 가면서
흉내라도 내 보길 기도합니다.

하나님의 생각과 하나님의 길에
한 걸음 한 걸음 다가가고 싶습니다.
그 눈부신 아름다움으로 들어가길 원합니다.

● 예레미야 3장 12절과 15절

3:12 너는 가서 북을 향하여
이 말을 선포하여 이르라
여호와께서 이르시되
배역한 이스라엘아 돌아오라
나의 노한 얼굴을
너희에게로 향하지 아니하리라
나는 긍휼이 있는 자라
노를 한없이 품지 아니하느니라
여호와의 말씀이니라
3:15 내가 또 내 마음에 합한 목자들을
너희에게 주리니
그들이 지식과 명철로 너희를 양육하리라

가출한 자식이 돌아오기만을
애타게 기다리는 부모의 마음으로
하나님이 이스라엘을 부르십니다.

혼날까 하는 두려움에 행여 돌이키지 못할까
하나님은 노를 계속 품지 않고

긍휼을 베푸신다고
염려 말고 돌아오라 하십니다.
또한 연약한 우리를 내버려 두지 않으시고
목자를 보내 양육하게 하십니다.

용서에서 그치는 것이 아니라
성숙한 신앙에까지 이르도록 예비하시는
사랑의 하나님을 찬양합니다.

• 예레미야 4장 3절

4:3 여호와께서 유다와 예루살렘 사람에게
이와 같이 이르노라
너희 묵은 땅을 갈고
가시덤불에 파종하지 말라

좋은 땅에 씨를 뿌리고
정성으로 살피는 농부의 마음으로
하나님이 말씀하십니다.

묵은 신앙이 되지 않도록 마음밭을 잘 갈아
말씀이 뿌리내리는 것을 방해하는
가시덤불을 제거하라 하십니다.

이 말씀에 순종하여
날마다 즐거이
말씀의 새 옷 입기를 소망합니다.

예레미야 9장 6절

9:6 네가 사는 곳이
속이는 일 가운데 있도다
그들은 속이는 일로 말미암아
나를 알기를 싫어하느니라
여호와의 말씀이니라

여호와 하나님 알아 가는 것에
흥미를 잃을 때
어디에 현혹되어 있는지
자신이 무엇에 속고 있는지
점검하고 첫사랑을 회복해야겠습니다.

또한 하나님과 멀어지도록 하는
보암직하고 먹음직한 것에
속아 넘어가지 않도록
시선을 하나님께 고정해야겠습니다.

● 예레미야 10장 23절

10:23 여호와여 내가 알거니와
사람의 길이 자신에게 있지 아니하니
걸음을 지도함이
걷는 자에게 있지 아니하니이다

예레미야의 고백처럼
저의 걸음을 지도하실 분은
오직 하나님 한 분임을 믿습니다.

저의 능력과 지혜를 믿고
아등바등 발버둥 치는 것이
아무 소용없음을 알고
먼저 주께 묻고 구하겠습니다.

　하나님께서 지으신 모든 것이 선하매

예레미야 14장 7절과 21절

14:7 여호와여 우리의 죄악이
우리에게 대하여 증언할지라도
주는 주의 이름을 위하여 일하소서
우리의 타락함이 많으니이다
우리가 주께 범죄하였나이다
14:21 주의 이름을 위하여
우리를 미워하지 마옵소서
주의 영광의 보좌를 욕되게 마옵소서
주께서 우리와 세우신 언약을
기억하시고 폐하지 마옵소서

주의 일이 이뤄지길 소망하면서
거듭 회개하는 예레미야에게서
소돔성을 위해 간구했던
아브라함의 모습을 봅니다.

길 잃은 한 마리의 양을
애타게 찾고 계시는 주님을 생각하며
저에게 보내 주신 지체를 위해
힘써 기도하겠습니다.

● 예레미야 17장 14절

17:14 여호와여 주는 나의 찬송이시오니
나를 고치소서
그리하시면 내가 낫겠나이다
나를 구원하소서
그리하시면 내가 구원을 얻으리이다

신약과 의술이
병을 고치고 낫게 할 수 있어도
그 어떤 것도 그 누구도
구원은 주지 못합니다.

전능자이신 하나님이
유일한 구원자이심을 고백하며
찬양을 드립니다.

예레미야 20장 8절

20:8 내가 말할 때마다 외치며
파멸과 멸망을 선포하므로
여호와의 말씀으로
내가 종일토록
치욕과 모욕거리가 됨이니이다

축복과 번영은 듣기 좋아하면서
쓴소리를 배척하는 이스라엘에게
죽음을 무릅쓰고
파멸과 패망을 선포해야 했던
선지자 예레미야,
그에게서 교회의 사명을 봅니다.

한국 교회가
사람들에게 사탕발림이 아닌
'회개하라 천국이 가까이 왔느니라' 외치며
시대를 깨우는
광야의 소리가 되길 소망합니다.

● 예레미야 22장 16절

22:16 그는 가난한 자와 궁핍한 자를
변호하고 형통하였나니
이것이 나를 앎이 아니냐
여호와의 말씀이니라

거짓 신을 숭배하지 않음과 동시에
가난한 자와 궁핍한 자를 변호해야
나를 아는 것이라 말씀하시는 하나님.
교회와 성도가
하나님을 제대로 알아 가고
사회적 약자의 편에 서길 소망합니다.

예레미야 26장 3절

26:3 그들이 듣고
혹시 각각 그 악한 길에서 돌아오리라
그리하면 내가 그들의 악행으로 말미암아
그들에게 재앙을 내리려 하던 뜻을
돌이키리라

패역한 이스라엘에게 엄중히 경고하면서도
계속하여 돌아올 기회를 주시고
뜻을 돌이키시겠다는 하나님한테서
자녀를 향한
애끓는 부모의 사랑을 봅니다.
그동안 저도 하나님께
이런 사랑을 받아 왔던 거네요.

예레미야 30장 19절

30:19 그들에게서 감사하는 소리가 나오고
즐거워하는 자들의 소리가 나오리라
내가 그들을 번성하게 하리니
그들의 수가 줄어들지 아니하겠고
내가 그들을 존귀하게 하리니
그들은 비천하여지지 아니하리라

예레미야에게
이스라엘의 포로귀환을 선포케 하신 하나님은
돌아온 땅에서
번성하고 존귀하게 하겠다 약속하십니다.

사방이 가로막힌 듯 눈앞이 캄캄할 때에도
하나님이 존귀하게 여긴다는
그 사실 하나만으로
감사하고 즐거워할 수 있길 원합니다.

● 예레미야 32장 41절

32:41 내가 기쁨으로 그들에게 복을 주되
분명히 나의 마음과
그들을 이 땅에 심으리라

하나님이 복을 주실 때
받는 저보다 더 기뻐하시며
못할 일이 없으신 하나님조차
마음과 정성을 다하셔서
저를 하나님의 땅에 심으려하십니다.
이런 큰 사랑을 받기에
저도 하나님을 높이는 모든 예배에
마음과 정성을 다해야겠습니다.

예레미야 35장 16절

35:16 레갑의 아들 요나답의 자손은
그의 선조가 그들에게 명령한
그 명령을 지켜 행하나
이 백성은 내게 순종하지 아니하도다

선조 요나답이 후손들에게
영원히 포도주를 마시지 말며
집도 짓지 말며 파종도 하지 말며
포도원을 소유하지 말고
평생 동안 장막에 살라고 명했습니다.
세상이 주는 즐거움을 배제하고
은혜를 구하는 삶을 선택한 레갑의 후손
이와는 달리
계속적인 하나님의 권고를 듣지 않는 이스라엘.

순종이 제사보다 나으니라는 말씀처럼
하나님은 지금도
저의 선택과 순종을 지켜보고 계실 것이니
CCTV보다 강력한 하나님 앞에서

적당히 살아서는 안 될 것 같습니다.
즉각적으로 순종하는
하나님의 자녀가 되길 간구합니다.

• 예레미야 38장 4-5절, 38장 8-10절

38:4 이에 고관들이 왕께 아뢰되
이 사람이 백성의 평안을 구하지 아니하고
재난을 구하노니 청하건대
이 사람을 죽이소서
그가 이같이 말하여
이 성에 남은 군사의 손과
모든 백성의 손을 약하게 하나이다
38:5 시드기야 왕이 이르되
보라 그가 너희 손에 있느니라
왕은 조금도 너희를
거스를 수 없느니라 하는지라
38:8 에벳멜렉이 왕궁에서 나와
왕께 아뢰어 이르되
38:9 내 주 왕이여
저 사람들이 선지자 예레미야에게 행한
모든 일은 악하나이다
성중에 떡이 떨어졌거늘
그들이 그를 구덩이에 던져 넣었으니
그가 거기에서 굶어 죽으리이다 하니

38:10 왕이 구스 사람 에벳멜렉에게
명령하여 이르되
너는 여기서 삼십 명을 데리고 가서
선지자 예레미야가 죽기 전에
그를 구덩이에서 끌어내라

고관들이 청하자
예레미야를 마음대로 처분하라며 내어 준
왕 앞에서 내시 에벳멜렉은
용기 있게 말합니다.
예레미야를 구덩이에 던져 놓은
처사가 악하다고
에벳멜렉의 입술을 통해
시드기야 왕의 마음을 찔리게 하여
예레미야를 건지신 하나님의 일하심.

비천한 내시 신분이라도
하나님이 쓰시면 귀한 사명자가 됩니다.
크리스천이 깨어 분별하여
하나님께 쓰임받길 간절히 기도합니다.

● 예레미야 42장 10절과 19절

42:10 너희가 이 땅에 눌러 앉아 산다면
내가 너희를 세우고 헐지 아니하며
너희를 심고 뽑지 아니하리니
이는 내가 너희에게 내린 재난에 대하여
뜻을 돌이킴이라
42:19 유다의 남은 자들아
여호와께서 너희를 두고 하신 말씀에
너희는 애굽으로 가지 말라 하셨고
나도 오늘 너희에게 경고한 것을
너희는 분명히 알라

바벨론 왕이 세운 유다 총독 그다랴를
이스마엘이 죽이자
보복이 두려운 유다 사람들이
선지자 예레미야를 찾아옵니다.
하나님은 바벨론이 무서워
이집트로 피하려는 유다 사람들의 속마음을
이미 다 아셨음에도
유다 땅에 남으면 뜻을 돌이키신다고

다시금 기회를 주셨습니다.

현실의 바벨론이 너무나 강성하여
제 힘으로 도저히 감당이 안 될 때
잔머리 굴려 도와줄 이집트를 찾느라
기웃거리지 않고
에벤에셀의 하나님이
저의 인생길을 인도하시며
새로운 기회를 주심을 믿고
하나님만 바라보길 간구합니다.

● 예레미야 44장 18절

44:18 우리가 하늘의 여왕에게 분향하고
그 앞에 전제 드리는 것을 폐한 후부터는
모든 것이 궁핍하고
칼과 기근에 멸망을 당하였느니라하며

요하난을 추종하는 무리는
하나님의 경고를 듣지 않고
예레미야와 바룩을 끌고 애굽으로 갔습니다.
이곳에서도 예레미야를 통해
하나님은 계속 말씀하시지만
그들은 귀 기울이지 않습니다.
뿐만 아니라
하늘의 여왕께 전제드리지 않아 멸망했다고
엉뚱한 곳에서 원인을 찾습니다.

하나님은 얼마나 답답하고 속이 상하셨을까요?
노예였던 이스라엘을 구해 내신 이가 하나님인데
아바 아버지를 두고
자꾸 거짓 신을 찾으니 말이죠.

내가 너의 하나님이다라는
간절한 하나님의 음성이
귓가에 맴도는 것 같습니다.
눈앞에 보여지는 일이 없어도
약속 믿고 굳게 기다리는
하나님의 자녀가 되길 소망합니다.

예레미야 46장 26절

46:26 내가 그들의 생명을 노리는 자의 손
곧 바벨론의 느부갓네살 왕의 손과
그 종들의 손에 넘기리라
그럴지라도 그 후에는 그 땅이 이전같이
사람 살 곳이 되리라
여호와의 말씀이니라

하나님은 느부갓네살 왕을 통해
애굽을 의지했던 이스라엘에게
나라를 세우고 무너뜨리는 주권이
누구에게 있는지 보여 주고자 하였습니다.
때론 망하는 것이 유익할 때가 있습니다.

강한 바벨론이 공격해 올 때
사람 살 곳이 되게 하신다는
하나님의 약속을 믿고
제대로 망하기를 원합니다.

폐허가 된 그곳에서부터

하나님이 그토록 원하시는
관계 회복이 시작되기 때문입니다.

● 예레미야 51장 17절

51:17 사람마다 어리석고 무식하도다
금장책마다
자기가 만든 신상으로 말미암아
수치를 당하나니
이는 그 부어 만든 우상은 거짓이요
그 속에 생기가 없음이라

은연중에 애지중지하여
하나님보다 더 정성을 기울일 때
대상이 부모 자식이라 할지라도
성경은 거짓 우상이라 말합니다.
또한 생기가 없다고 합니다.
주어진 상황과 상관없이
하나님을 최우선에 두길 원합니다.

로뎀나무 5

훼파된 성전벽을 중수한
느헤미야의 성품을 생각합니다.
동시에 그를 이렇게 키워 낸
육의 부모와 하나님의 공이
참으로 크다 생각했습니다.

그의 부모는
포로기가 길어지며
본국으로 돌아갈 기대마저
흐릿해지는 세월을
믿음으로 견뎠다는 것을
느헤미야라는 이름에서
짐작합니다.

'여호와가 위로하신다'는
느헤미야라 고백한
그의 부모가
말씀에 의지하여
삶의 중심을

하나님의 영광을 드러내는 데
맞추어 살아갔을 테죠.

현실은 암담하나
소망되신 하나님으로 인하여
느헤미야의 부모는
그의 아기 때부터 성인이 될 때까지
믿음의 산교육을 시켰고
느헤미야는 본 대로 행했고
무너진 성벽을 재건하는
사명에 순종했습니다.

다음 세대의 믿음을 쌓는
단 한 장의 벽돌이 되더라도
지금 지극히 작은 일에
주께 하듯 충성되게 살면
세상은 몰라줘도
여호와의 위로하심으로
기쁘고 즐거울 것 같습니다.

하박국 1장 2절 전반, 2장 3절

1:2 여호와여 내가 부르짖어도
주께서 듣지 아니하시니
어느 때까지리이까
2:3 이 묵시는 정한 때가 있나니
그 종말이 속히 이르겠고
결코 거짓되지 아니하리라
비록 더딜지라도 기다리라
지체되지 않고 반드시 응하리라

부르짖음에
즉각적으로 응답하지 않으시는 하나님께
야속하다며 항의하는 하박국
그에게 하나님이 말씀하십니다.

기다리면 더딜지라도 정한 때에
반드시 응하시겠다고.
저의 부르짖음이 아무런 소용이 없어 보일 때
아직 정한 때가 아님을 깨닫고 이루실 하나님을
마음을 다하여 바라보기를 소망합니다.

스바냐 3장 1-2절

3:1 패역하고 더러운 곳
포학한 그 성읍이 화 있을지저
3:2 그가 명령을 듣지 아니하며
교훈을 받지 아니하며
여호와를 의뢰하지 아니하며
자기 하나님에게
가까이 나아가지 아니하였도다

스바냐를 통해 주신
하나님의 경고에 귀를 기울여
하나님 바라기가 되어
하나님만 응시해야겠구나라는
생각이 들었습니다.
하나님과 멀어지는 것이
가장 큰 화이기 때문입니다.

학개 1장 7절, 유다서 1장 22절

학개 1:7 만군의 여호와가 말하노니
너희는 자기의 행위를 살필지니라
유다서 1:22 어떤 의심하는 자들을
긍휼히 여기라

은연중에 남을 판단하고 정죄하려고 할 때
이 말씀을 떠올리고
오직 자신의 행위만 돌아보며
다른 이들을 긍휼히 여기는 적용을 하겠습니다.

● 스가랴 1장 1절과 3절, 7절과 16절

1:1 다리오 왕 제 이년 여덟째 달에
여호와의 말씀이
잇도의 손자 베레가의 아들
선지자 스가랴에게 임하니라 이르시되
1:3 그러므로 너는 그들에게 말하기를
만군의 여호와께서 이처럼 이르시되
너희는 내게로 돌아오라
만군의 여호와의 말이니라
그리하면 내가 너희에게로 돌아가리라
만군의 여호와의 말이니라
1:7 다리오 왕 제이년 열한째 달 스밧월
이십사일에 잇도의 손자
베레갸의 아들 선지자 스가랴에게
여호와의 말씀이 임하니라
1:16 그러므로 여호와가 이처럼 말하노라
내가 불쌍히 여기므로
예루살렘에 돌아왔은즉
내 집이 그 가운데에 건축되리니
예루살렘 위에 먹줄이 쳐지리라

만군의 여호와의 말이니라

1장 1절에서 여덟째 달에 돌아오라고
명령하신 하나님은
7절 열한째 달에 다시 스가랴를 통해
16절 이스라엘이 돌이키지 않았어도
불쌍히 여기므로 돌아왔다 말씀하십니다.

자식이 반성하지 않았어도 이미 용서하신 하나님
구하기도 전에 미리 주시는 큰 사랑을 보며
하나님의 자녀로
지체들과의 관계에서도
사과를 받아야 한다는 그 생각을 놓아 버리고
먼저 이해하는 적용을 하겠습니다.

스가랴 5장 4절

5:4 만군의 여호와께서 이르시되
내가 이것을 보냈나니
도둑의 집에도 들어가며
내 이름을 가리켜
망령되이 맹세하는 자의 집에도 들어가서
그의 집에 머무르며
그 집을 나무와 돌과 아울러
사르리라 하셨느니라 하니라

하나님 앞에서
가장 망령된 것은 무엇일까 생각했습니다.
결론은 하나님의 자녀임을
부정하는 것이었습니다.

하나님의 자녀 됨을 불평하는 순간부터
망령된 길에 접어드는 것이니
하나님과 함께함을
기뻐하고 즐거워하는 일에 부지런해야겠습니다.

스가랴 7장 13절

7:13 내가 불러도
그들이 듣지 아니한 것처럼
그들이 불러도 내가 듣지 아니하리라
만군의 여호와가 말하였느니라

하나님이 부를 때 듣지 않는다는 건
결국 하나님과 아무 상관없다는 뜻입니다.
하나님이 부르실 때
내 형편을 핑계 삼지 않고
즉각적으로 응답할 수 있기를
하나님의 미세한 음성도
놓치지 않기를 소망합니다.

스가랴 10장 12절

10:12 내가 그들로 나 여호와를 의지하여
견고하게 하리니
그들이 내 이름으로 행하리라
나 여호와의 말이니라

세상은 홀로서기를 강조하지만
여호와께 의존할 때 더 견고해지고
모든 것을
하나님의 이름으로 행한다 말씀하십니다.

자신의 이름을 내세우지 않고
하나님만 높이고
광야 같은 인생길에서
하나님 한 분으로 만족할 때
더욱 견고하게 다듬어 가실 것을 믿습니다.

하나님께서 지으신 모든 것이 선하매

로뎀나무 6

하나

선한 능력에 언제나 고요하게 둘러싸여서
보호받고 위로받는 이 놀라움 속에
여러분과 함께 오늘을 살기 원하고
그리고 여러분과 함께
새로운 한해를 맞이하고 싶습니다.

선한 능력에 우리는 너무 잘 보호받고 있으며
믿음으로 일어날 일들을 기대하고 있습니다.
하나님께서는 밤이나 아침이나
우리 곁에 계십니다.

– 본회퍼, 《선한 능력으로》

본회퍼가 옥중에서 쓴 글은 시처럼 아름답고
여기에 곡을 붙인 노래는
행진곡처럼 웅장합니다.
울림이 큰 노래를 들으며

안중근의 어머니 조마리아가 떠올랐습니다.

뤼순감옥으로
안중근을 면회하러 가는 아들들에게
"네가 항소를 한다면 그것은 일제에게
목숨을 구걸하는 짓이다.
네가 나라를 위해 이에 이른즉
다른 마음먹지 말고 죽으라.

옳은 일을 하고 받는 형(刑)이니,
비겁하게 삶을 구하지 말고
대의에 죽는 것이 어미에 대한 효도다."라는
마지막 당부를 전했다는 어머니.
옥중서신을 받아든 본회퍼 약혼자의 이름도
마리아였습니다.
누가복음 1장 38절에서
'주의 여종으로 말씀대로 이루어지길'
고백했던 이름도 빛도 없는
수천수만의 마리아들
그들의 마음이 되어 선한 능력을 의지하길
소망하는 아침입니다.

둘

"악을 보고도 침묵하는 게 악이다."
"미친 운전자가 행인들을 치고 질주할 때
목사는 사상자의 장례를 돌보는 것보다는
핸들을 뺏어야 한다."
"실천은 생각에서 나오는 게 아니라
책임질 준비를 하는 데서 나온다."

박해를 받으면서도 신앙을 지켰던
초대교회 교인들의
또 다른 이름이
'세상을 이기는 자'였다는 사실이
지금도 우리에게는 소망입니다.

나치에 저항하며
현실의 아픔을
외면하지 않아야 함을
삶으로 보여 준 크리스천
본회퍼의 말은
얼마나 뜨거운지.

첫사랑을 버렸다며

책망받은 서머나교회를
본보기 삼아
날마다 첫사랑의
은혜와 감격을 기억하고
행함 있는 믿음으로
나아가는 한국 교회,
한국 성도가 되길 간구합니다.

2부

신약

● 마태복음 6장 1절

6:1 사람에게 보이려고
그들 앞에서 너희 의를
행하지 않도록 주의하라
그리하지 아니하면
하늘에 계신 너희 아버지께
상을 받지 못하느니라

주님은
사람들의 눈에 들려고 하지 말고
하나님의 눈에 들라 말합니다.
사람들에게 상 받으려 하지 말고
하나님이 주시는 상에 주목하라며.

왜 이렇게 말씀하셨을까요?
크리스천은 금욕주의자처럼
사람들의 칭찬이나 세상이 주는 상도
멀리해야 하는 걸까요?

사람의 칭찬과 세상이 주는 상에 익숙해지면

우리의 눈과 귀는 칭찬과 상에 중독됩니다.
처음에는 의를 행한 결과로 칭찬과 상을 받지만
나중에는 칭찬과 상을 받기 위해
의를 행하는 역전이 일어납니다.

더군다나 우리의 탐욕은 만족을 모릅니다.
더 큰 칭찬과 상을 원하게 되고
급기야 칭찬과 상이 없으면
의를 행하지도 않게 됩니다.

주님은 아침 안개처럼 부질없는
칭찬과 상에 매몰되지 말고
하늘 아버지가 주시는
절대적 상을 바라보라 말씀하십니다.

우리 인생이 언제 타 죽을지 모르며
불빛에 뛰어드는 불나방처럼 될까
노심초사하는 주님,
얼마나 우리를 사랑하셨는지 알 것 같습니다.

'헛된 목표를 향해 너희 인생을 소진하지 말고
하늘의 것을 바라라'
주님의 음성이 들리는 듯합니다.

마태복음 6장 21절

6:21 네 보물 있는 그 곳에는
네 마음도 있느니라

주가 말씀하십니다.
어디에 마음을 두느냐에 따라
은혜의 길과 불신의 길이
나뉩니다.

강북과 강남의 아파트는
눈으로 비교가 되지만
천국은 감각을 초월하기에
가늠이 되지 않아
그 가치를 알아보지 못하는 게
아닌가 생각합니다.

그럴수록 교회는
천국의 열쇠를 받은
하나님의 자녀가 누리는 특권을
말씀과 신앙교육으로

널리 알려야겠습니다.

또한 신자들도
땅의 조건에 눌리지 않고
기쁨으로 살아가야겠지요.
날마다 복을 누리길
소망합니다.

마태복음 18장 19-20절

18:19 진실로 다시 너희에게 이르노니
너희 중의 두 사람이 땅에서 합심하여
무엇이든지 구하면 하늘에 계신
내 아버지께서
그들을 위하여 이루게 하시리라
18:20 두세 사람이 내 이름으로
모인 곳에는 나도 그들 중에 있느니라

한 사람만 있는 곳에는
주님이 함께하시지 않을까요?
예수님은 홀로 겟세마네 동산에서
기도하셨는데 두셋이 아니어서
하나님이 임재하지 않으셨을까요?

두세 사람이 모인 곳에서
다른 일 하지 말고
오직 하나님만 바라보기에
힘쓰라는 뜻은 아닐까요?

둘 셋이 모이면 자랑이나 험담이 주를 이루는데
주님은 두셋이 모인 자리에서
하나님을 기억하라 말씀하십니다.
그렇게 하나님의 은혜를 나누고
서로의 간증이 넘쳐 날 때
홀로 기도하는 시간에서 얻지 못할
나눔의 은혜를 누립니다.

하나님이 말씀하신 뜻은
우리의 삶이 영적으로
풍족하게 하기 위함입니다.

● 마가복음 1장 40-42절

1:40 한 나병환자가 예수께 와서
꿇어 엎드려 간구하여 이르되
원하시면 저를 깨끗하게 하실 수 있나이다
1:41 예수께서 불쌍히 여기사 손을 내밀어
그에게 대시며 이르시되
내가 원하노니 깨끗함을 받으라 하시니
1:42 곧 나병이 그 사람에게서 떠나가고
깨끗하여진지라

나병환자가 깨끗하게 낫는 과정의 핵심은
주님이 원하시는가에 있었습니다.
아마도 나병환자는
자신의 병을 고쳐 달라고
숱한 날들을 눈물 흘리며
간절히 기도해 왔을 겁니다.
그래도 병이 낫질 않았습니다.

하지만 그는 낙담의 자리에서
기도의 관점을 돌이켜

나의 원함이 아닌 주님의 원함을 구합니다.
그럴 때 주님이 불쌍히 여기시고
깨끗이 낫게 하십니다.
저도 나병환자처럼
주님의 원하심에 초점을 맞추고
주가 일하심을 소망을 갖고
바라보길 간구합니다.

● 마가복음 4장 18-19절

4:18 또 어떤 이는 가시떨기에 뿌려진 자니
이들은 말씀을 듣기는 하되
4:19 세상의 염려와 재물의 유혹과
기타 욕심이 들어와 말씀을 막아
결실하게 못하게 되는 자요

말씀을 들어도 결실이 없다면
지금 현재 말씀을 막고 있는
염려와 유혹과 욕심이 무엇인지
자신을 살펴봐야겠습니다.
그래서 어디에 정신이 팔렸었는지
알아챘다면 지체 없이
말씀과 기도의 자리로 돌아가길 소망합니다.

● 마가복음 7장 34-35절

7:34 하늘을 우러러 탄식하시며
그에게 이르시되 에바다 하시니
이는 열리라는 뜻이라
7:35 그의 귀가 열리고 혀가 맺힌 것이
곧 풀려 말이 분명하여졌더라

귀먹고 말 더듬는 자에게
에바다를 외치신 주님이
저에게도 찾아오셔서
세상에는 둔하여지고
주님께는 열려져
들어야 할 소리를 놓치지 않고
해야 할 말을 분명하게 하는
에바다의 은혜를 누리며
이를 통해
주님의 영광이 나타나길 소원합니다.

● 마가복음 10장 48-50절

10:48 많은 사람이 꾸짖어 잠잠하라 하되
그가 더욱 크게 소리질러 이르되
다윗의 자손이여
나를 불쌍히 여기소서 하는지라
10:49 예수께서 머물러 서서
그를 부르라 하시니
10:50 맹인이 겉옷을 내버리고 뛰어 일어나
예수께 나아오거늘

길가에 앉아있던 맹인 거지 바디매오는
때마침 나사렛 예수라며 웅성거리는
소리를 듣습니다.
예수님의 이적에 대한 소문을 익히 들었던 그는
머뭇거리지 않고
불쌍히 여겨 달라 외칩니다.

하지만 행색이 초라하고 구질구질한
거지의 외침을 들은
예수를 따르는 무리는

예수님께 나오는 것을 막고
조용히 하라 으름장을 놓습니다.
앞을 볼 수 없던 바디매오는 소리에 민감했기에
사람들의 협박이 너무나 크게 들렸을 겁니다.
그래도 바디매오는 재차 예수님께 간청합니다.

예루살렘으로 가는 여정 중
여리고에 들르신 예수님은 간절한 소리를 듣고
데려오라 명하십니다.
예수님이 부르신다는 말에 바디매오는
겉옷을 내팽개치고 달려갑니다.

예수님을 따른다면서
예수님이 찾는 귀한 영혼을 거지 같다며
돌려보내는 어리석음을 범하진 않나 돌아봅니다.
하나님의 형상대로 지음 받은
제 앞의 바디매오에게
주가 부르신다는 기쁜 소식을
전할 수 있으면 좋겠습니다.
또한 저도 한때는 맹인 거지였음을
잊지 않겠습니다.

● 마가복음 14장 31절과 50절

14:31 베드로가 힘있게 말하되
내가 주와 함께 죽을지언정
주를 부인하지 않겠나이다 하고
모든 제자도 이와 같이 말하니라
14:50 제자들이 다
예수를 버리고 도망하니라

배를 버리고
즉시 예수님을 따랐던 베드로가
이번에는 세상 권력이 두려워
예수님을 버립니다.

예수님 대신에 다른 걸 선택하는 자체가
예수님을 부인하고 도망가는 일입니다.
곁눈질하지 않고
세상권세를 이기신 주님의 권능에
전적으로 순종하길 소망합니다.

로뎀나무 7

왜 주님은 어부를
제자 삼으셨을까
생각해 보았습니다.

농부는 땅을 고르고
씨를 뿌린 다음
적절한 햇빛과 비를 기다립니다.
잡초를 뽑고
벌레를 잡는 과정도 뒤따르나
농사일은 시작이 반입니다.

그런데 어부는
물고기가
잘 잡힐 자리를 가늠한 다음
알맞은 미끼를 걸어
그물을 던지고 낚싯줄을 드리우며
물고기가 걸려드는 순간을
끝까지 기다려
온 힘을 다 씁니다.

복음을 전하는 과정은 농사일보다는
어업에 보다 가까운 것 같습니다.
전도 대상자 한 사람에게
최적화된 방법으로
말씀을 전하고
적기에 대상자를
확 잡아당겨야 하니까요.
상황에 맞는 반응이
농부보다는 어부에게
더 요구되는 듯합니다.

인생이란 강과 바다에
둥둥 떠내려가는 우리를
어떤 한 지점을 포착해
주님이 낚아 주셔서
표류하지 않는 인생을
살게 하셨습니다.
주님의 은혜를 받은
우리도 빼어난 어부 되길
소망합니다.

● 누가복음 10장 36-37절

10:36 네 생각에는 이 세 사람 중에
누가 강도 만난 자의 이웃이 되겠느냐
10:37 이르되 자비를 베푼 자니이다
예수께서 이르시되
너도 이와 같이 하라 하시니라

하나
사마리아인이 강도 만난 사람을
지나치지 않고 민첩하게 보살핀 것은
제사장과 레위인보다
인격이 훌륭했기 때문이 아니라
사마리아인의 인생도 고달프고 힘들어
강도 만난 자가 남이 아니라
바로 자신이라고 여겼기에
가능한 일이 아닐까 생각합니다.

죄는 분리에서 옵니다.
하나님에게서 나를 떼어 내고
타인과 나를 구별 짓는

악한 성향을 부인하고
동일시의 눈으로 바라볼 때
그곳에 하나님 나라가 임합니다.

사마리아인을 통해 동일시가 가능하다는 것을
깨우쳐 주시는 주님이
지금 저에게도 똑같이 요구하고 계십니다.

너도 이와 같이 하라.
타인의 아픔에 둔감하지 않기를 그리하여
주가 원하시는 위로자로
살아가길 소망해 봅니다.

우리의 라벨
포이에마.
하나님의 지으신 바, 이를
늘 묵상하며 살아가길.

둘

강도 같은 코로나로
자영업자분들은 심한 타격을 받았고
코로나 환자를 돌보는 의료진들도

확진자 증가로 탈진상태에 빠졌고
사망한 분들의 유가족은
마지막 가는 길을 예를 다해
보내드리지 못해 마음 아파합니다.
시대적 강도를 만난 이웃은
주변에 너무도 많습니다.

때문에 교회의 사명이 더욱 요구됩니다.
시대적 강도를 만난 이웃의
영적 양식뿐 아니라
절박한 현실의 문제에도
도울 방도를 찾아 시간과 물질을 내고
책임 있는 공동체를 만들어 가야 합니다.

더불어 목숨을 걸고 우리나라로 넘어온
탈북민에게도 손을 내밀었으면 좋겠습니다.
현재 탈북민들의 정착을 위한
국가 차원의 지원이 있지만
정착지원금을 일부 남한 사람들이
사기를 쳐서 빼앗는 일이 비일비재하고
빈털터리가 된 탈북민들은
범죄의 유혹에 노출되어 있는 현실입니다.

그런데도 교회의 역할은 미미합니다.
대형교회 위주로 진행하는 프로그램도
탈북민에게 도시를 안내해 주는
시내탐방 위주입니다.

요한복음 14장 12절에서 주님은 말씀하셨습니다.
'나를 믿는 자는 나의 하는 일을 저도 할 것이요
또한 이보다 큰 것도 하리니'
온 백성에게 칭송을 받은
초대교회가 한 나눔과 선교를
더 많은 교회와 더 많은 신도 수를 가진
지금 우리가 못할 이유가 있을까요?
강도 만난 이웃을 책임지기 위해
몸부림칠 때
교회와 성도는
주님의 영광에 참여합니다.

● 누가복음 11장 13절

11:13 너희가 악할지라도
좋은 것을 자식에게 줄 줄 알거든
하물며 너희 하늘 아버지께서
구하는 자에게
성령을 주시지 않겠느냐 하시니라

우리가 원하는 재물과 명예
능력과 장수가 아니라
성령이 최고의 선물이라
말씀하시는 주님.

우리가 원하는 것은
탐욕의 길이고
주가 원하는 것은
성령이 일하는 길입니다.

저도 주님처럼
성령 충만을 구하고
풍성한 기도의 열매를

기대합니다.

과녁을 벗어나지 않으며
마음의 중심이
푯대이신 주님 향해 있기를
간절히 원합니다.

● 누가복음 12장 15절

12:15 그들에게 이르시되
삼가 모든 탐심을 물리치라
사람의 생명이 그 소유의 넉넉한 데
있지 아니하니라 하시고

조엘 오스틴류의 번영신학이
믿으면 땅의 축복을 받고
성공을 거머쥔다는 맹신을 강화하고
크리스천을 탐욕스러운
'다오 다오의 거머리'로
만들어 왔다고 생각합니다.

믿음은 아프지 않게 막아 주는 부적이 아니라
아픔을 잘 견디게 해 주고
넉넉한 재정을 보장하는 대신
가난에도 기꺼이
자족하게 하는 원천입니다.

기독교는 하나님 자신으로 인해

타 종교가 구별됩니다.
때문에 전도, 헌금, 봉사라는
종교적 행위에 열심인
우리의 노력으로는
구원도 성화도 결코 이룰 수 없습니다.

오직 하나님과의 관계성,
자녀 된 우리의 정체성,
그 시작점에서
하나님의 음성을 따라
기쁨과 감사로 달려가는
인생이길 소망합니다.

땅의 보화가 나쁜 것이 아니라
땅의 보화만 좇는 것이 악한 것이기에
비천해 처해도 주님만으로 부요했던
사도 바울을 주목합니다.

● 누가복음 14장 13-14절

14:13 잔치를 베풀거든
차라리 가난한 자들과 몸 불편한 자들과
저는 자들과 맹인들을 청하라
14:14 그리하면 그들이 갚을 것이 없으므로
네게 복이 되리니
이는 의인들의 부활 시에
네가 갚음을 받겠음이라 하시더라

예수님은 내가 초대하고 싶은 대상이 아니라
잔치를 바라지만 갈 기회가 없었던
초라하고 볼품없는 이들에게
눈을 돌리라고 말씀하십니다.

또한 주님은 생색내지 말라며
그들이 갚을 것이 없어 복되다고 덧붙이십니다.
이 땅에서의 인정을 구하지 않고
제가 원하는 자리가 아니라
주님이 명하시는 그곳에서
잔치를 베푸는 자의 삶을 살아가고 싶습니다.

누가복음 24장 45절과 53절

24:45 이에 그들의 마음을 열어
성경을 깨닫게 하시고
24:53 늘 성전에서 하나님을 찬송하니라

부활하신 예수님이 제자들을 찾아오시고,
아직도 깨닫지 못하는
그들의 안목을 밝혀 주시니
누가복음의 마지막 구절인
늘 하나님을 찬송했다는
아름다운 결과가 나옵니다.

저에게도 주님이 찾아오셔서
성경을 깨닫게 하시니
그 은혜가 참으로 큽니다.
앞으로 남은 인생 날마다 숨 쉬는 순간마다
믿음의 자리에서
하나님만을 찬송하여 살아가길 소망합니다.

• 요한복음 10장 10절

10:10 도둑이 오는 것은
도둑질하고 죽이고 멸망시키려는 것뿐이요
내가 온 것은 양으로 생명을 얻게 하고
더 풍성히 얻게 하려는 것이라

우리는 자신의 이익을 위해 움직이나
주님은 우리의 이익을 위해 일하십니다.
기꺼이 우리의 살이 되고 피가 되어
우리의 몸속에서 다시 살아나기를 원하셨습니다.

세상은 힘 있고 강한 자를 칭송하지만
주님은 힘없고 약한 모습으로 사시다가
무력하게 십자가에 달리고
완벽하게 고통당하셨습니다.

주님은 자신의 권능을 사용하지 않고
철저히 인간으로 죽으셨습니다.
더 많은 힘을 가지려고 혈안이 된 우리들에게
힘을 내려놓으라고,

우리가 권리를 주장하지 않을 때
비로소 하나님이 일하시는 시간이 온다는 것을
삶으로 보여 주셨습니다.

주님을 따른다는 크리스천인 우리도
더 많은 힘을 얻기 위해서가 아니라,
더 많이 힘을 나누는
주님의 삶에 참여하기 위해서
살기를
또 죽기를 소망합니다.

● 요한복음 11장 4절

11:4 예수께서 들으시고 이르시되
이 병은 죽을 병이 아니라
하나님의 영광을 위함이요
하나님의 아들이 이로 말미암아
영광을 받게 하려 함이라 하시더라

유대교에서는 병을 죄에 대한 벌로 여겼습니다.
의료기술이 발전된 지금에도
병에 걸린 지체들을
악한 행위에 대한 징벌을 받는 것이라
오해하는 경우가 많습니다.

예수님은 당시 율법을 뛰어넘는
해석을 내리셨습니다.
병든 자를 죄인으로 규정하지 않으시고
병에 걸린 환우를 긍휼히 여기시고
그들의 고통이
의미 없이 끝나지 않는다 말하십니다.
고통을 통해 그들이 더욱더 하나님을 바라고

하나님의 뜻을 경청하는 삶을 살므로
하나님의 영광에 참여하는 인생이라 높이십니다.

피하고 싶지만 우리 인생에 병이 들어올 때
하나님의 영광에 참여하는 기회를 얻었다며
감사하길 원합니다.

● 요한복음 14장 27절

14:27 평안을 너희에게 끼치노니
곧 나의 평안을 너희에게 주노라
내가 너희에게 주는 것은
세상이 주는 것과 같지 아니하리라
너희는 마음에 근심하지도 말고
두려워하지도 말라

세상이 줄 수 없는 재물과 권력을 준다고
말씀하지 않습니다.
큰 이익이 되지 않는 평안을 준다고 하십니다.
평안이 그렇게 대단한 걸까요?
하나님이 왜 평안을 주시려 할까요?
'나 외에 다른 신을 섬기지 말라'
십계명의 제1계명을 생각합니다.

평안하지 못할 때
평안해지기 위해 의지하는
하나님 외에 다른 모든 것은 바로 우상입니다.

평안하지 못할 때 우리가 가장 먼저 할 일이
'우상 찾기'임을
우리의 본성을 잘 아시는
하나님이 내다보고 계십니다.
우리 힘만으로는
제1계명을 지킬 수 없음을 아시고
우상을 원천 차단할 수 있도록
평안을 준다 말씀하신 것입니다.

평안을 준다는 말씀도 감사하나
세상이 줄 수 없는 평안이라는 말에
하나님의 사랑을 느낍니다.

쓸데없이 다른 것에서 평안을 찾느라
헛수고하지 말고
내가 주는 평안 잘 받아먹으라 하시니
여차하면 엉뚱한 곳으로 튀어 버리는
메뚜기 같은 저의 마음을
주님 손에 맡겨야겠습니다.

하나님께서 지으신 모든 것이 선하매

로뎀나무 8

혈기 있을 당시에는 몰랐지만 지나고 나면
힘든 일이 신앙의 밑거름이 된 듯합니다.
'여기가 좋사오니'라는 마음 흩어 버리고
하나님 나라 기대하며
말씀 따라가라고
현실의 고난을 주셨다 생각하게 됩니다.

그러니 힘들게 하는 사람들도
우리 믿음을 단단하게 해 주는
helper가 맞겠지요.
나이 드는 것,
몸의 병과
마음의 상처가
걸림돌이 아니라
돋보기처럼
믿음의 눈을 밝혀 주기를
소망합니다.

로마서 2장 5절

2:5 다만 네 고집과
회개하지 아니한 마음을 따라
진노의 날 곧 하나님의 의로우신 심판이
나타나는 그 날에 임할 진노를
네게 쌓는도다

하나

이사야를 포함한 모든 선지자들이
이스라엘에게 전한 메시지의 핵심은
바로 '회개'입니다.

회개는 하나님의 시선으로 나를 바라보려는,
삶의 주인이 내가 아님을 확인하는
적극적 믿음입니다.

하나님을 구주로 고백한
단일 사건으로
우리의 회개가 끝나선 안 됩니다.

우리의 신분이 하나님의 자녀라 할지라도
대적 마귀가 우는 사자같이
삼킬 자를 찾는 이 땅에서
연약한 우리는 분명히 넘어질 때가 있습니다.

회개라는 문을 통해서만 다시 일어날 수 있고
믿음의 발자국을 내딛기에
예수님 대면할 순간까지
지속적인 회개가 필요합니다.

둘

로마서를 통해 하나님은 회개를 가로막는
일차 주범이 고집임을 깨우쳐 주십니다.

신앙은 철저히 현재적이며
어제까지 죽을힘을 다했어도
포인트를 적립해 주지 않습니다.
영적 예민함에서 벗어나는 순간
바로 둔한 제사장 엘리가 되고 맙니다.

우리가 날마다의 회개를
빠뜨리지 않기를

성령의 탄식에 귀 기울이길
소망합니다.

하나님께서 지으신 모든 것이 선하매

● 로마서 7장 18절

7:18 내 속 곧 내 육신에
선한 것이 거하지 아니하는 줄을 아노니
원함은 내게 있으나
선을 행하는 것은 없노라

자신 안에 선한 것이 없으며
오직 믿음으로만
의롭게 된다는
'이신칭의'의 은혜로 인해
예수 믿기 전과는 도저히
같을 수 없어 드러나는
성령의 열매를
간증하는 입술의 고백이
넘쳐 나기를 기도합니다.

● 로마서 8장 16절

8:16 성령이 친히 우리의 영과 더불어
우리가 하나님의 자녀인 것을 증언하시나니

주님은 부활 후 내 양을 먹이라
제자들에게 사명을 주시고
이 땅을 떠나시며 보혜사 성령을
선물로 주셨습니다.

로마서 말씀은 이에 더해
성령이 우리가 하나님의 자녀인 것을
증언한다고 이야기합니다.

주님을 그리스도로 고백하는 믿음만 있다면
실제로는 하나님 자녀답게 살지 못해
마음이 찔리고 자책할 때에도
하나님의 자녀된 것을
성령이 계속 보증하신다는 것입니다.

너는 하나님의 자녀라고

성령이 크게 외쳐 주십니다.
날마다 실패하지만
우리의 정체성을 깨우쳐 주십니다.
때문에 다시 일어날 용기를 얻습니다.

● 로마서 10장 17절

10:17 그러므로 믿음은
들음에서 나며
들음은 그리스도의 말씀으로
말미암았느니라

믿음은 듣는 데서 출발합니다.
하나님의 말씀에
귀 기울이는 만큼
연약한 지체의 작은 소리를 경청하는 것
그게 믿는 자의 삶의 방식이
되어야 할 것 같습니다.
하나님께 자신의 요구를 아뢰기 전
더 급한 사람들의 처지를 탄원하는 것.
우리를 주장하기보다
양보하고 뒷줄에 서는 것.

우리의 들음이 액션으로 드러나기를 기도합니다.
그리스도인의 실존은 타자를 위한 존재라는
본회퍼의 말을 떠올립니다.

타자를 향해 나를 선물로 주는 삶,
코로나가 신앙의 걸림돌이 아니라
디딤돌이 되길,
종교행위에 매몰되지 않고
하나님의 뜻을 분별하길 소망합니다.

● 로마서 12장 12절

12:12 소망 중에 즐거워하며
환난 중에 참으며
기도에 항상 힘쓰며

〈내 평생에 가는 길 순탄하여〉라는 찬송은
아내와 네 딸이 탄 배가 난파당해
아내만 살아남았을 때
스패포드가 지은 찬송입니다.
순탄은커녕
불행의 심연으로 빠져 있을 때입니다.
《빙점》을 쓴 미우라 아야코는
병으로 죽어 가면서도
하나님은 언제나 옳으시다는 말을 남겼습니다.

힘든 일 하나 없고
내 뜻대로 세상 일이 굴러갈 때는
애쓰지 않고도 즐거워할 수도 있겠지요.
그러나 성경은 소망 중에
즐거워하라고 요구합니다.

구원의 소망으로,
본향을 향한 소망으로
즐거울 때
환난을 참을 수 있습니다.
힘들게 참는 것이 아니라
즐거워하며 참으라고 말합니다.

즐거워하며 참는 것을
가능하게 만드는 것은 바로 기도입니다
기도에 힘쓸 때 두 가지 모두가 이뤄지니
주님이 왜 그토록
깨어 기도하라 말씀하셨는지 알 것 같습니다.

로뎀나무 9

육신을 가졌지만
하나님의 아들로 사는
권세를 받은 우리가
세상이 두려워 벌벌 떤다면
자체 모순이 되는 듯합니다.
우리의 힘만으로 감당하려니
겁이 나고
달아나고 싶은 것은 아닌지.

어미 캥거루 주머니 안에 쏙 들어간
새끼 캥거루처럼
하나님은 자신이 하는 일 잘 보라고
우리를 앞자리에 앉히셨습니다.

우리는 증인이고
하나님의 뜻대로 움직이는
꼭두각시로 살아가야 하는 존재,
자신이 뭔가를 한다는
큰 착각에서 빠져나와야 합니다.

하나님의 드라마에
잠깐만 등장하다 사라질
엑스트라여도
하나님 영광에 참여하는
그걸로 족할 수 있는
밀알로 살아가길 소망합니다.

고린도전서 3장 16절

3:16 너희는 너희가 하나님의 성전인 것과
하나님의 성령이
너희 안에 계시는 것을 알지 못하느냐

하는 일마다 망치고 되는 일이 없고
애를 쓰는데도 알아주는 사람 하나 없어
자신이 쓸모없다 여겨질 때
걸리버 여행기의 소인국 사람처럼
우리는 한없이 작아집니다.

그러나 세상에서 성공하든 아니든
부요하든 가난하든
늙었든 젊었든
남자든 여자든
하나님은 상관없다 말씀하십니다.

하나님은 외모로 취하지 않으시고
마음의 중심을 보시는 분이기 때문입니다.
우리가 믿음의 사람이라면

하나님의 성전이고
하나님의 성령 안에 있는 자입니다.
그러니 존귀하며
함부로 자신을 폄훼할 수가 없습니다.

우리를 존귀한 자로 여기시는
하나님의 사랑을 기뻐할 때
우리의 삶이 존귀해지기 시작합니다.

● 고린도후서 10장 5절

10:5 하나님 아는 것을 대적하여
높아진 것을 다 무너뜨리고
모든 생각을 사로잡아
그리스도에게 복종하게 하니

그리스도께 복종하는 것이 결코 쉽지 않습니다.
하나님 알아가기를 훼방하는
높아진 것을
적당히가 아니라 다 무너뜨리고
부분이 아닌
모든 생각이 사로잡혀야
비로소 가능해지기 때문입니다.

우리의 적당한 순종으로는
하나님 눈에 들지 못합니다.
하나님은 우리에게 '모든'과 '다'를 원하십니다.

웬만하면 봐주고 넘어가 주는
인정에 익숙해진 우리로서는

매의 눈을 가진 하나님이
야속하기도 합니다.

하나님이 욕심꾸러기처럼 구시는
이유가 무엇일까요?

전적인 순종이어야 혹시나 하는 의심이 없어지고
보암직하고 먹음직한 것에
눈을 돌리지 않기 때문인 듯합니다.

또한 우리의 시간과 물질, 에너지를 헛되이
낭비하지 않게 하시려고
하나님은 일부가 아닌 전체에
집중하라 말씀하시는 것입니다.
우리가 백퍼센트 몰입할 때
우리가 아닌
하나님이 일하십니다.

결국 전적인 순종은
우리 자신을 위한 것이니
하나님께 전부를 드림에
망설임이 없길 기도합니다.

● 고린도후서 12장 7-9절

12:7 여러 계시를 받은 것이 지극히 크므로
너무 자만하지 않게 하시려고
내 육체에 가시 곧 사탄의 사자를 주셨으니
이는 나를 쳐서
너무 자만하지 않게 하려 하심이라
12:8 이것이 내게서 떠나가게 하기 위하여
내가 세 번 주께 간구하였더니
12:9 내게 이르시기를
내 은혜가 네게 족하도다
이는 내 능력이 약한 데서
온전하여짐이라 하신지라
그러므로 도리어 크게 기뻐함으로
나의 여러 약한 것들에 대하여 자랑하리니
이는 그리스도의 능력이
내게 머물게 하려 함이라

하나

바울에게 육체의 가시를
허락하신 하나님의 뜻을 묵상해 봅니다.

안질로 추정되는 육체의 가시가 없었다면
로마시민이며 가멜리아 문하생,
당대의 최고 엘리트였던 바울은
일필휘지로 서신을 써내려 가지 않았을까요?

그의 안질은 그의 급한 성정을 멈추고
한 단어 한 단어를 곱씹게 하고
서신의 작성 속도를 늦추어
완성도를 높이지 않았을까요?

각자 생각하는 육체의 가시는
우리의 약점을 보완하는
하나님의 선물은 아닐까
하여 네 은혜가 네게 족하다는
말씀에 전적으로 순종하길
간구합니다.

둘

육체의 가시, 피하고 싶고 해결되길 바라는 것이
결국은 나에게 꼭 필요하고
나를 성장시키셨음을 고백합니다.

야곱이 형제 중 유일하게
요셉에게만 채색옷을 입히지 않았다면
곡식단이, 해와 달과 열한 별이,
자신에게 절한다 떠벌리지 않았다면
이집트의 노예로 팔려 가지 않았다면
기근이 왔을 때
이스라엘이 도움을 받지 못했던 것처럼

연약한 우리의 고백은 후일담에 그치나
하나님은 우리의 편애와 교만과 질투를 사용하여
은혜의 역사를 이루심을 믿습니다.

우리의 믿음이 장성하여져
바로 지금의 상황을
바꿔 주시라는 기도가
감사함으로 받겠다로
변했으면 좋겠습니다.

하나님께서 지으신 모든 것이 선하매

● 에베소서 2장 10절

2:10 우리는 그가 만드신 바라
그리스도 예수 안에서
선한 일을 위하여 지으심을 받은 자니
이 일은 하나님이 전에 예비하사
우리로 그 가운데서
행하게 하려 하심이니라

하나님의 형상대로 창조된
저의 정체성과 사명을 잊지 않고
날마다 자신의 자리에서
부르신 뜻에
합당하게 살아가길 소망합니다.

● 에베소서 4장 29절

4:29 무릇 더러운 말은
너희 입 밖에도 내지 말고
오직 덕을 세우는 데 소용되는 대로
선한 말을 하여
듣는 자들에게 은혜를 끼치게 하라

세상은 할 말 다 하라고,
쌓아 두면 마음의 병이 된다 충고하지만
성경은 듣는 자들에게 은혜를 끼치도록
덕을 세우는 말만 하라 합니다.

자신이 하는 말이 제 것 같지만
성경은 말이 듣는 사람의 소유라 일러 줍니다.
우리가 하는 말의 주인이
듣는 상대방이라 여긴다면
함부로 말할 수 없을 것입니다.

우리의 말이
하나님을 드러내는 통로가 될 때만

선한 말이고
우리를 드러내는 통로가 될 때는
더러운 말이 됩니다.

우리의 말이 선해지기 위해
먼저 더러운 말을 멀리하라는
말씀을 마음에 새깁니다.

주가 우리의 입술을 주장하여 주셔서
더러운 말이 정케 되고
선한 말이 넘쳐 나길 기도합니다.

● 에베소서 6장 6-7절

6:6 눈가림만 하여
사람을 기쁘게 하는 자처럼 하지 말고
그리스도의 종들처럼
마음으로 하나님의 뜻을 행하고
6:7 기쁜 마음으로 섬기기를
주께 하듯 하고
사람들에게 하듯 하지 말라

자신의 소욕을 따라가려는
죄 된 본성을 내려놓고
하나님 뜻에 맞추려는
치열한 몸부림도
은혜가 없다면,
성령의 도우심이 없다면,
바닥이 되는 것은
불가능합니다.

우리가 누군가의
바닥이 되어

기꺼이 밟힐 때
말씀이 육화하는
은혜의 시간이
시작되는 것 같습니다.

회(悔) 개(改).
뉘우치고 고치는 것
우리의 믿음이 '회'에만 머물러
'개'에 이르지 못하여
믿기 이전과 다를 바 없다면
우리의 믿음은 사이비이고
짝퉁일 뿐입니다.

하나님이 우리를 낮추시고
우리는 주를 높이길 소망합니다.

에베소서 6장 16절

6:16 모든 것 위에 믿음의 방패를 가지고
이로써 능히 악한 자의
모든 불화살을 소멸하고

악한 자의 불화살은 종류도 다양하고
날아오는 때나 방향을 알 수가 없습니다.
연약한 우리 힘으로는 불화살에
다 맞습니다.

하나의 화살을 운 좋게 피했어도
뒤돌아서면 또 다른 화살이
마구 날아오기 때문입니다.

우리의 인맥과 지식을 총동원해도
불화살을 근절할 방도가 없습니다.

오직 주님의 말씀으로 지어진
믿음의 방패를 입을 때
우리는 불화살이 사방에서 날아와도

안심할 수 있습니다.

믿음의 구명조끼는 한 번 입었다고 끝이 아니라
날마다 새것으로 바꿔 입어야 합니다.
불화살의 공격을 막아 내느라
뜯어진 곳이 생기기 때문입니다.

우리의 든든한 구명조끼가 되시는
주의 말씀을 더욱 가까이해야겠습니다.

● 빌립보서 2장 7절

2:7 오히려 자기를 비워
종의 형체를 가지사
사람들과 같이 되셨고

죄인 된 우리를 선대하신
주님의 사랑이
젖먹이에서 장성한 분량으로
나아가는 추진력입니다.

나보다 남을 낫게 여기며
말씀으로 섬길 때
그리스도의 마음이
드러나는 곳에서
주가 일하신다는 믿음으로
먼저 주님께 묻고
움직이길 소망합니다.

• 빌립보서 4장 5절

4:5 너희 관용을
모든 사람에게 알게 하라
주께서 가까우시니라

관용을 가족만 가까운 친구 사이에서만이 아니라
모든 사람에게 알게 하라 하시는 주님.

사실 가까운 사람에게 관용을 베푸는 것도
쉽지가 않습니다.
자녀에게도 한두 번은 좋게 타이르지만
세 번이 넘어가면 목청이 올라갑니다.
자신에게 귀한 존재에게도 관용이 힘듭니다.

주님은 지구의 모든 사람에게
관용을 베풀라가 아니라
관용이 무엇인지 알게 할 때까지
관용을 베풀라고 하십니다.

관용이 무엇인지 모르는 사람에게

관용을 가르치라는 주님.
물고기를 잡아서 나눠 주는 차원이 아니라
물고기 잡는 방법을 알려 줘야 한다 하십니다.

한 사람이 아니라 모든 사람에게요.
나 혼자서 모든 사람에게
알려 줄 수는 없습니다.
그러기에 가르칠 사람이 더 많이 필요합니다.
성경의 추수할 일꾼 말입니다.

내가 가르친 두 사람이
또 두 사람씩만 가르친다면 곱절로 불어납니다.
그렇게 배가 된다면 언젠가는
모든 사람이 관용을 알 날도 올 것입니다.

주님에게는 다 계획이 있으신 것 같네요.

● 빌립보서 4장 12-13절

4:12 나는 비천에 처할 줄도 알고
풍부에 처할 줄도 알아
모든 일 곧 배부름과 배고픔과
풍부와 궁핍에도 처할 줄 아는
일체의 비결을 배웠노라
4:13 내게 능력 주시는 자 안에서
내가 모든 것을 할 수 있느니라

하나

게임이나 도박을 하면
다른 활동에서는 얻을 수 없는 쾌락을 느끼며
뇌에서는 다량의 도파민이 분비됩니다.
도파민은 중독 상태를 강화하는 작용을 합니다.

돈에 중독되는 맘모니즘의 과정도
별반 다르지 않습니다.
돈이 주는 기쁨과 만족이 너무나 크기 때문에
중독을 끊기가 어렵습니다.
돈보다 자신을 더 기쁘게 하는 것을

찾기 전까지는 불가능에 가깝습니다.

바울은 중독에 대한
일체의 비결을 전수해 줍니다.
우리의 노력이 아닌 하나님이 주신 능력,
우리가 말씀 앞에 서서
하나님의 자녀 됨에 기뻐하고 자족할 때
돈은 일만 악의 뿌리로 힘을 쓰지 못합니다.

그럴 때 돈은 선한 영향력으로
넘치는 곳에서 부족한 곳으로
더 필요한 곳으로 흘러갑니다.

날마다
자신이 무엇을 기뻐하는지
돌아봐야겠습니다.

둘

"사람은 빵만으로 살 수 없다."
이 똑같은 문장을
세상은 쾌락, 탐욕으로 해석하고
크리스천은 하나님 말씀으로

살아야 한다고 읽습니다.

아굴의 기도처럼
하나님이 우리에게
오직 필요한 양식으로 먹일 것과
우리에게 본향이 있음을
믿는 믿음만이
소유지향적인 삶에서
자유케 합니다.

연약한 우리의 힘이 아니라
내주하신 성령 하나님의 힘 때문에
우리는 세상과 다르게 살 수 있고
샘솟는 기쁨을 맛보는 것입니다.

● 데살로니가전서 5장 18절

5:18 범사에 감사하라
이것이 그리스도 예수 안에서
너희를 향하신 하나님의 뜻이니라

우리가 누리는 모든 것이
노력에 합당한 결실이라 생각되면
감사할 것은 하나도 없습니다.

하나님이 범사에 감사하라고 하신
이유는 뭘까요?
해 주신 것도 없어 보이는 일에도 생색을 내고
인사받고 싶으셔서 그런 걸까요?

우리 인생이 뜻대로 되지 않음을
누구보다도 더 잘 아시는 하나님이
눈으로 보는 일을 기준 삼아
일희일비하지 않기를
너무나도 바라시기 때문은 아닐까요?

특별할 것 없는 범사에
우리가 감사할 수 있다면
우리의 감사는 매일 넘쳐 나고
우리는 매일 기쁘고 즐거울 수 있습니다.

하나님은 우리의 근심한 얼굴을
보고 싶어 하지 않으십니다.
그가 우리를 구원해 내신 이유가
우리가 기쁨과 즐거움 속에 살아가는 걸
보고 싶으셔서임을 깨닫습니다.
그 사랑이 참으로 크고 깊습니다.

야고보서 1장 2절

1:2 내 형제들아
너희가 여러 가지 시험을 당하거든
온전히 기쁘게 여기라

예상하지 못한 어려운 일이 다가올 때
피하고 싶은 마음이 듭니다.
누구나 힘든 일을 겪지 않고
순탄하게 넘어가길 바랍니다.

시험이 올 때 불평하지 않고
수용하는 것만도 어려운데
성경은 한술 더 떠서
온전히 기쁘게 여기라 말합니다.

고3 수험생들은 수능을 준비하며
실력을 쌓아 갑니다.
크리스천도 인생의 시험 앞에서
하나님께 더욱 집중합니다.

시험만큼 하나님을 바라보게 하는 일이
인생에 있을까요?
당장 힘들고 괴롭지만
시험을 통과하면서
우리의 믿음은 자라고 단단해집니다.

젖먹이에서 장성한 분량으로 나아가도록
우리에게 시험을 허락하신
하나님의 뜻대로
온전히 기뻐하고 기뻐하길 원합니다.

거칠게 일렁이는 풍랑에서
내니 두려워 말라 말씀하실
주님이 계시니
믿는 우리들은
기꺼이 시험을 기대할 수 있습니다.

● 베드로전서 2장 9절

2:9 그러나 너희는 택하신 족속이요
왕 같은 제사장들이요
거룩한 나라요 그의 소유가 된 백성이니
이는 너희를 어두운 데서 불러내어
그의 기이한 빛에 들어가게 하신 이의
아름다운 덕을 선포하게 하려 하심이라

왕 같은 제사장이라는 구절에서
방점은 제사장에 찍힙니다.
구약시대 제사장은 제사의식을 독점했고
왕이라 할지라도 한발 물러나 있었다면
예수님 십자가 사건으로 휘장이 찢어지며
제사장이라는 중개자 없이
하나님을 대면하는
만인제사장 시대를 맞이했습니다.

지금도 목회자 중심으로 교회가 운영되지만
크리스천은 만인제사장 의식을 지녀야 합니다.
목회자의 사역을 존중하지만

목회자를 하나님처럼 떠받드는 태도는
자제해야 합니다.
하나님 말씀을 대언하고 섬김으로
목양하도록 협력해야 하나
엄밀히 말하면 하나님 앞에서는
똑같은 제사장입니다.

목회자들은 급여를 받고 사역하나
성도는 급여 없이 사역에 참여합니다.
사람을 만나 말씀을 전하고
지체들을 돌보는 것이
목회자의 일과 크게 다르지 않다고 생각합니다.

주님이 우리를 왕 같은 제사장이라 부르셨으면
우리는 왕 같은 제사장이고
우리가 그러하다면
평신도 사역자인 것입니다.

베드로전서 4장 8절

4:8 무엇보다도 뜨겁게 서로 사랑할지니
사랑은 허다한 죄를 덮느니라

하나님의 사랑으로 우리의 죄가 덮여졌습니다.
뿐만 아니라 의인이라 불러 주셨으니
그 사랑을 받은 우리는 은혜 가운데
세상의 빛과 소금이 되어야 하지만
모든 은사 중 가장 큰 것은 사랑입니다.

그런데 허다한 허물을 덮는 사랑에 대한 설교가
한국 교회, 목회자, 성도의
부패와 비리를 가리는 데
오용되어 왔던 것이 사실입니다.

사랑하는 자식이 잘못했을 때
부모는 꾸짖습니다.
옳은 길로 가길 바라기 때문입니다.
우리는 부모의 질책을 사랑이라 부릅니다.

크리스천은 자기 자신을 포함해
지체들의 잘못을 못 본 척해서는 안 됩니다.
치리를 하는 교회가
늘어야한다 생각합니다.

물론 애통하고 사랑하는 마음으로
잘못할 수 있다는
우리의 연약함을 인정하고
다시 기회를 주어야겠죠.

저의 허물이 드러나
지체의 꾸짖음을 달게 받고
하나님께 회개하고
돌이키는 삶을 사는 것,
이것이 제가 꿈꾸는 교회입니다.

권면과 기도가
병행되면 좋겠습니다.

● 베드로전서 5장 8절

5:8 근신하라 깨어라
너희 대적 마귀가 우는 사자같이
두루 다니며 삼킬 자를 찾나니

한 분야의 대가는 연습을 게을리하지 않습니다.
인간이 구축한 영역에서도 그러한데
하나님과의 관계에서는 더더욱 바지런해야겠죠.

매일의 신앙고백,
어제까지 잘 믿었어도
지금 그 자리를 벗어나면
마음이 굳고 목이 뻣뻣해집니다.
영적 생활에서는
누구도 예외가 없겠지요?

날마다 코람데오를
의식하며 살아가길
기도합니다.

● 요한일서 1장 7절

1:7 그가 빛 가운데 계신 것 같이
우리도 빛 가운데 행하면
우리가 서로 사귐이 있고
그 아들 예수의 피가
우리를 모든 죄에서 깨끗하게 하실 것이요

아담이 죄를 지었을 때
하나님이 불렀지만 아담은 꼭꼭 숨었습니다.
하나님은 아담을 빛 속에 살도록 지으셨는데
죄책감으로 하나님 앞에 서지 못했습니다.

우리의 연약한 본성으로는
삼킬 자를 찾아다니는
대적 마귀에 이길 수 없고
죄라는 문제를 감당할 수 없습니다.

빛 속에서만 죄가 드러납니다.
죄가 드러날 때 하나님이 사해 주시고
의롭다 여기십니다.

부끄럽고 낯 뜨거운 순간에도
우리는 도망가지도 말고 숨지도 말고
은혜의 빛을 쪼이는 자리에 있어야 합니다.

하나님께서 지으신 모든 것이 선하매

나 가 며

말씀을 붙잡고
혈기를 이겨 냅니다.
날마다 자신이 죽어야
말씀이 드러나니
크리스천은 세상 사람한테
철저하게 져야 한다 생각합니다.

우리에게
하나님의 뜻을 알려 주기 위해
몸소 바닥이 되시고
치욕을 당하신 주님과
동일한 비전을 꿈꾸며
믿음의 걸음을 내딛는
한국 교회와 성도가 되길
소망합니다.

지 은 이 의 말

2017년 12월 건강검진을 받고
암 발병을 알았을 때
저는 하나님께 '왜 하필 저에게 암을 주시냐'
묻지 않았습니다.
2021년 1월 전이 사실을 들었을 때도
저는 '왜 또?'라는 생각이 들지 않았습니다.
암에 걸리는 사람이 분명 있는데,
유독 저만 걸리면 안 되는 이유를
하나도 찾지 못했기 때문이었습니다.

저는 2017년부터 지금까지
'하나님께서 지으신 모든 것이 선하매
감사함으로 받으면 버릴 것이 없나니
하나님의 말씀과 기도로 거룩하여짐이라'는
디모데전서 4장 4-5절의 말씀을 붙들었습니다.

암에 걸리고 전이된 것이
기쁘고 신나는 일은 아닐지라도
저는 암을 통해 이전보다 더욱

예배의 기쁨을 배워 가고
말씀의 능력을 누리며 살아가고 있습니다.

눈앞에 놓인 문제보다
더 크고 강하신
주님이 손을 내미십니다.
제발 붙잡으시면 좋겠습니다.
부디 그 손 놓지 않으시면 좋겠습니다.

2018년 4월 급성패혈증 입원 당시
딸이 만들어 준 케익입니다.

앞으로 형택이, 윤해 곁에
얼마나 머무를지
저는 알 수 없습니다.
그저 주가 허락하신 시간에
감사함으로 매일 기쁘게
살아가길 바랄 뿐입니다.

하나님께서 지으신
모든 것이 선하매

© 김정랑, 2021

초판 1쇄 발행 2021년 12월 11일

지은이   김정랑
펴낸이   이기봉
편집   좋은땅 편집팀
펴낸곳   도서출판 좋은땅
주소   서울특별시 마포구 양화로12길 26 지월드빌딩 (서교동 395-7)
전화   02)374-8616~7
팩스   02)374-8614
이메일   gworldbook@naver.com
홈페이지   www.g-world.co.kr

ISBN   979-11-388-0455-4 (03230)